Baharatlı Cajunların Yemekleri

Louisiana Lezzetlerini Mutfağınıza Getirecek Bu Ağız Sulandıran ve Otantik 100 Lezzetli Tarifle Cajunların Mutfağı Sanatında Ustalaşın

Sudenaz Sari

Telif hakkı Materyal ©2023

Her hakkı saklıdır

Yayıncının ve telif hakkı sahibinin uygun yazılı izni olmadan, bu kitap bir incelemede kullanılan kısa alıntılar dışında hiçbir şekilde, şekilde veya biçimde kullanılamaz veya dağıtılamaz. Bu kitap, tıbbi, yasal veya diğer profesyonel tavsiyelerin yerine geçemez.

İÇİNDEKİLER

İÇİNDEKİLER	3
GİRİŞ	6
BAMYA	7
1. Jamaika Kabak Çorbası	8
2. Keto yumurta bırakma çorbası	11
3. Jamaika karides çorbası	13
4. Haşlanmış Kalaloo	15
5. Hindistan Cevizli Karides Çorbası	17
6. Gungo Bezelye Çorbası	20
7. Hazır Mercimek Bamyası	22
8. Alaska ahtapot bamyası	25
9. Fırında sebzeli gumbo creole	27
10. Cajun yayın balığı bamya	30
JAMBALAYA	32
11. Yavaş Pişirici Jambalaya	33
12. Kırmızı Fasulye Jambalayası	35
13. Fırında Jambalaya Güveç	37
14. Sosis Jambalaya	39
15. Sosisli Tavuk Jambalaya	41
16. Jambalaya Doldurulmuş Lahana Ruloları	43
17. Quinoa jambalaya	46
18. Timsah jambalaya	48
19. Bayou boeuf jambalaya	50
20. Börülce ve sosis jambalaya	52
KIRMIZI FASULYE VE PİLAV	54
21. Uzun Taneli Pirinç ve Barbunya	55
22. Limonlu tavuk, yumurtada kızartılmış uzun taneli pirinç	57
23. Uzun taneli Rice Hoppin' John	60
24. Meksika Esintili Barbunya ve Pirinç	62
25. Barbunya ve Kişnişli Pilav	64
26. İspanyol Pinto Fasulyesi ve Pirinç	67
27. Tek Kap Pirinç ve Fasulye	70
28. Güney Pinto Fasulyesi ve Pirinç	72
29. Barbunya, Pirinç ve Sosis	74
30. Gallopinto (Nikaragua Pirinç ve Fasulyesi)	76
31. Pirinç üzerine fasulye sosu ve domates	79
32. Cajun barbunya fasulyesi	82
33. Peynirli pilav ve fasulye	84

34. Barbunya Fasulyesi ve Safranlı Pilav 86
35. Pinto fasulyeli Taco Baharatlı pirinç 88
36. Hint balkabağı pilavı ve fasulyesi 90
37. Meksika Kovboy Fasulyesi 92
38. Karayip Bayramı 94
39. Jamaika Pisliği Nefesi ve Pilavlı Fasulye 97
40. Fasulye, Meyve ve Fındıklı Pirinç Pilavı 100
41. Fasulye ve pirinç cha cha cha kasesi 102
42. Fasulyeli Şalgam Tavada Kızartma 104
43. Kuzu, dereotu ve fasulyeli pilav 106
44. Peynirli Barbunya Fasulyesi 109
45. Fesleğen pesto soslu pirinç ve fasulye 111
46. Siyah fasulye ve pilavlı göğüs biftek 113
47. Afrika Pirinci ve Fasulyesi 116
48. Tumbleweed, barbunya ve pirinç salatası 118
49. Barbunya, Pirinç ve Sebze Salatası 120
50. Edamame ve Barbunya Salatası 122
51. Kıymalı pirinç ve fasulye salatası 124
52. Fasulye ve Pirinç Çorbası 126
53. Chili con Carne 128
54. Vegan Pirinç Çorbası 130
55. Fasulye ve pirinç burritoları 132
56. Pirinç ve Fasulye Topları 134
57. Pirinç unu Tortilla ile Fırında Barbunya Flautas 136
58. Fasulye ve pirinç burgerleri 139
59. Kırmızı soslu pirinç ve fasulye enchiladas 141
60. Pirinç ve Fasulye Quesadillas 144
61. Perulu Tacu Tacu Kek 146
62. Mantı ile Alkali Güveç Bezelye 149
63. Kuru üzüm ve fındıklı fasulye ve sütlaç 152

KEREVİT HAŞLAMA 154
64. Karides Étouffée 155
65. Kerevit Étouffée 157

irmik 160
66. İrmik ve Grillades 161
67. Karides ve İrmik 163
68. Karides, Andouille Sosis ve İrmik 165
69. Kremalı Peynirli İrmik 167
70. Homin sufle 169

71. Güneşte kurutulmuş domatesli keçi peynirli polenta 171
KIZARTMA KAHVERENGİ **173**
  72. Klasik Güney Kızarmış Yayın Balığı 174
  73. Cajun Kararmış Yayın Balığı 176
  74. Mısır Unu Kabuklu Kızarmış Yayın Balığı 178
  75. Panko Kabuklu Kızarmış Yayın Balığı 180
  76. Limon-Biber Kızarmış Yayın Balığı 182
  77. Ayran ve Acı Soslu Kızarmış Yayın Balığı 184
BUDİN TOPLARI **186**
  78. Klasik Boudin Topları 187
  79. Baharatlı Boudin Topları 189
  80. Peynir Dolgulu Boudin Topları 191
  81. Kerevit Boudin Topları 193
  82. Füme Boudin Topları 195
PO' ERKEKLER **197**
  83. Karides Po' Boy 198
  84. İstiridye Po' Boy 200
  85. Kızarmış Tavuk Po' Boy 202
  86. Yayın Balığı Po' Boy 204
  87. Kızarmış Sığır Po' Boy 206
KIRMIZI MAHKEME BUİLON **208**
  88. Louisiana Redfish Courtbouillon 209
  89. Emeril Lagasse Redfish Courtbouillon 211
  90. Kurtarıcı Redfish Courtbouillon 213
BEİGNETLER **215**
  91. Büyük Marnier beignetleri 216
  92. Tarçın şekerli pancar 219
LAGNIAPPE **222**
  93. Lagniappe 223
  94. Calas 226
  95. Mısır Maque Choux 228
  96. Kerevit Bisküvi 230
  97. Kerevit Étouffée 233
  98. Kerevit Turtaları 236
  99. Kirli Pirinç 239
  100. Yumurta Sardosu 241
ÇÖZÜM **244**

GİRİIŞ

Cajun mutfağı, Louisiana'nın mutfak geleneklerini şekillendiren farklı kültürlerden etkilenen cesur ve baharatlı lezzetleriyle bilinir. Deniz ürünleri bamyasından jambalayaya, kerevit etouffee'den karartılmış yayın balığına, Cajun mutfağında herkes için bir şeyler vardır.

Bu yemek kitabında mutfağınıza renk katacağı kesin olan 100 otantik ve lezzetli Cajun tarifini paylaşmaktan heyecan duyuyoruz. İster tecrübeli bir profesyonel olun, ister bu leziz mutfağa yeni gelen biri olun, sizi koruduk. Yemeklerinizin her seferinde mükemmel olmasını sağlamak için adım adım talimatlar ve faydalı ipuçları içeren tariflerimizi takip etmek kolaydır. Ayrıca Cajun mutfağı ve tarihi hakkında bazı arka plan bilgilerinin yanı sıra bu mutfağı bu kadar özel kılan eşsiz tatlar ve tekniklerde ustalaşmak için ipuçları paylaşacağız.

Cajun yemek pişirme sanatını keşfetmek için bu yolculukta bize katılın. 100 tarifimizle Louisiana'nın lezzetlerini kendi mutfağınıza getirebilecek ve mutfak becerilerinizle arkadaşlarınızı ve ailenizi etkileyebileceksiniz.

Bu yemek kitabında şunları bulacaksınız:

I. Otantik Cajun malzemeleri ve baharatları
II. Deniz ürünleri ve et yemekleri
III. Lezzetli vejetaryen seçenekler
IV. Klasik yemekler için takip etmesi kolay tarifler
V. Geleneksel favorilere benzersiz dokunuşlar
VI. Cajun pişirme tekniklerini mükemmelleştirmek için ipuçları
VII. Cajun kültürü ve tarihi hakkında bilgiler
VIII. Her yemeğin ağız sulandıran fotoğrafları

Ve çok daha fazlası! Yani, ister akşam yemeği misafirlerinizi etkilemek, ister sadece baharatlı ve leziz yemeklerin tadını çıkarmak isteyin, bu yemek kitabı tam size göre.

BAMYA

1. Jamaika Kabak Çorbası

YAPAR4

İÇİNDEKİLER:
- 1 büyük soğan, soyulmuş ve doğranmış
- 1 havuç, soyulmuş ve doğranmış
- 1 jalapeño, biber, çekirdekleri çıkarılmış, ince kıyılmış
- 3 yemek kaşığı tereyağı
- 2 çay kaşığı öğütülmüş kimyon
- 2 çay kaşığı öğütülmüş kişniş
- ½ çay kaşığı öğütülmüş tarçın
- ½ çay kaşığı acı biber
- ½ çay kaşığı toz biber
- 1 büyük spagetti kabağı, soyulmuş ve doğranmış
- Sebzeleri örtecek kadar tavuk suyu, yaklaşık 3 su bardağı
- 1 portakalın suyu
- 1 misket limonunun suyu

hamsi kremi
- 2 ila 3 Ancho chilies, ikiye bölünmüş, sapları alınmış ve tohumlanmış
- 6 yemek kaşığı badem sütü
- 4 yemek kaşığı ekşi krema
- Tuz
- Biber
- tatmak için limon suyu

TALİMATLAR:

a) Büyük, ağır bir tencerede soğan, havuç ve Jalapeno biberini tereyağında yumuşayana kadar terleyin
b) Kimyon, kişniş, tarçın, kırmızı biber ve pul biber ekleyin
c) 2 dakika daha kısık ateşte pişirin
d) kabak ekle
e) Karışımı et suyu, bir portakalın suyu ve misket limonu suyuyla kaplayın Kabak yumuşayıncaya kadar yaklaşık ½ saat pişirin.
f) Soğutmaya izin ver
g) Karışımı işlemcide püre haline getirin veya daldırmalı blender kullanın
h) Çorbayı tekrar tencereye alın, tuz ve karabiberle tatlandırın
i) Yeniden ısıtın ve gerekirse baharatı ayarlayın
j) Ancho Cream'de Girdap
k) Biraz ağır krema ile inceltilmiş ekşi krema ile süsleyin
l) Bir çorba kasesinin ortasına hafifçe bastırın ve bir kürdan kullanarak merkezden dışarıya doğru sürükleyin ve bir yıldız veya örümcek ağı oluşturun

2. Keto yumurta bırakma çorbası

OLUŞTURUR: 1

İÇİNDEKİLER:
a) 1 ½ su bardağı Tavuk Suyu
b) ½ küp Tavuk Bulyon
c) 1 yemek kaşığı Tereyağı
d) 2 büyük Yumurta
e) 1 çay kaşığı biber salçası

TALİMATLAR:
a) Ocak üzerine bir tava koyun ve orta-yüksek ısıya çevirin.
b) Tavuk suyu, bulyon küpü ve tereyağını ekleyin. kaynatın.
c) Biber sarımsak ezmesini karıştırın.
d) Yumurtaları ayrı ayrı çırpın ve kaynayan et suyuna ekleyin.
e) İyice karıştırın ve 3 dakika daha pişirin.
f) Sert.

3. Jamaikalı karides çorbası

YAPIYOR: 2

İÇİNDEKİLER:
- 2 yemek kaşığı Yeşil Köri Ezmesi
- 1 su bardağı Sebze Suyu
- 1 su bardağı hindistan cevizi sütü
- 6 oz. Pişmiş Karides
- 5 ons Brokoli çiçekleri
- 3 yemek kaşığı kişniş, doğranmış
- 2 yemek kaşığı Hindistan Cevizi Yağı
- 1 yemek kaşığı soya sosu
- ½ Kireç Suyu
- 1 orta boy Taze Soğan, doğranmış
- 1 çay kaşığı Ezilmiş Kavrulmuş Sarımsak
- 1 çay kaşığı Kıyılmış Zencefil
- 1 çay kaşığı Balık Sosu
- ½ çay kaşığı Zerdeçal
- ½ fincan Ekşi Krema

TALİMATLAR:
a) Orta boy bir tencerede hindistan cevizi yağını eritin.
b) Sarımsak, zencefil, taze soğan, yeşil köri ezmesi ve zerdeçal ekleyin. Soya sosu ve balık sosu ekleyin.
c) 2 dakika pişirin.
d) Sebze suyu ve hindistancevizi sütünü ekleyin ve iyice karıştırın. Düşük ısıda birkaç dakika pişirin.
e) Brokoli çiçeklerini ve kişnişi ekleyin ve köri biraz koyulaşınca iyice karıştırın.
f) Köri kıvamından memnun kaldığınızda karides ve limon suyunu ekleyin ve her şeyi birlikte karıştırın.
g) Düşük ısıda birkaç dakika pişirin. Gerekirse tuz ve karabiber ekleyin.

4. Haşlanmış Kalaloo

İÇİNDEKİLER:

- Kıyılmış calaloo yaprakları
- 3 yemek kaşığı bitkisel yağ
- 2 diş kıyılmış sarımsak
- 2 orta boy soğan
- 1 su bardağı Hindistan cevizi sütü
- Tuz
- Biber
- Acı biber sosu

TALİMATLAR:

a) Ağır bir tencerede yağı ısıtın. Doğranmış soğan ve sarımsağı ekleyin. Yumuşak olduğunda, calaloo yapraklarını ekleyin ve yağla kaplanana ve solana kadar fırlatın.

b) Calaloo'yu kaplayacak kadar hindistancevizi sütü ekleyin. Kalaloo yumuşayana ve sütün çoğu buharlaşana kadar pişirin.

c) Baharatları ekleyin ve sebze olarak servis yapın.

5. Hindistan Cevizli Karides Çorbası

YAPAR: 4

İÇİNDEKİLER:
- 600 gr çiğ karides, ayıklanmış
- 1 küçük soğan doğranmış
- 2 adet orta boy doğranmış havuç
- 1 adet doğranmış kırmızı biber
- 2-3 su bardağı ıspanak veya karalahana, doğranmış
- 2 taze soğan kıyılmış
- bir avuç bütün bamya
- 4 diş kıyılmış sarımsak
- 1 yemek kaşığı kıyılmış zencefil
- 1 kutu hindistan cevizi sütü
- 1 litre sebze suyu
- 1 çay kaşığı deniz ürünleri baharatı
- 1 çay kaşığı karabiber
- 5 dal taze kekik
- 2 çay kaşığı maydanoz
- 1 viski bone
- Isı için ¼ çay kaşığı kırmızı biber gevreği
- bir miktar taze limon suyu
- ⅛ çay kaşığı pembe Himalaya tuzu
- hindistancevizi yağı
- Daha yoğun bir çorba için 2 yemek kaşığı ılık suyla karıştırılmış 1 yemek kaşığı tapyoka

TALİMATLAR:
a) Karidesleri orta boy bir kaseye koyun ve deniz ürünleri çeşnisiyle marine edin ve bir kenara koyun.
b) Orta ateşte büyük bir tencerede 2 yemek kaşığı hindistancevizi yağını eritin.
c) Soğan, yeşil soğan ve sarımsağı eklemeye devam edin, ardından yumuşak ve yarı saydam olana kadar soteleyin.
d) Havuç, sarımsak, dolmalık biber ve ıspanağı ekleyin ve 5 dakika pişirmeye devam edin.

e) Karabiber, maydanoz, kekik ve pul biberi (kullanılıyorsa) ekleyin ve karıştırın ve sebzelerle birleştirin.

f) Sebze suyunu ve hindistancevizi sütünü tencereye dökün ve kaynama noktasına getirin

g) Viski kapağını ekleyin ve ardından kapağı açıkken ısıyı düşük seviyeye indirin.

h) 20 dakika kaynatın

i) 15 dakika sonra bamya ve karidesleri ekleyin ve çorbanın biraz daha koyu olmasını istiyorsanız tapyoka hamurunu karıştırın.

j) Tüm çorbanın üzerine kireci sıkın ve 5 dakika daha kaynamaya bırakın.

6. Gungo Bezelye Çorbası

YAPAR 6-8

İÇİNDEKİLER:
- 2 su bardağı (400 gr) kurutulmuş gungo veya güvercin bezelyesi
- 1 adet tütsülenmiş jambon
- 2 orta boy soğan, büyük parçalar halinde kesilmiş
- 2 havuç, büyük parçalar halinde kesilmiş
- 1 sap kereviz, yapraklı
- 2 scotch bone veya jalapeno biberi, çekirdekleri çıkarılmış ve doğranmış
- 1 diş sarımsak, kıyılmış
- 1 defne yaprağı
- 1 çay kaşığı ezilmiş taze biberiye yaprağı veya ¼ çay kaşığı ezilmiş kuru biberiye
- 1 porsiyon Spinner

TALİMATLAR:
a) İplikçileri hazırlayın
b) Nohutları yıkayıp bir tencereye alın. Üzerini kapatacak kadar su ekleyin ve bir gece bekletin. Süzün ve bir kenara koyun.
c) Bir tencereye 6 bardak su ekleyin ve jambon budu, soğan, havuç, kereviz, kırmızı biber, sarımsak, defne yaprağı ve biberiyeyi ekleyin. Bir kaynamaya getirin, ısıyı en aza indirin ve 45 dakika pişirin. Stoku süzün, jambon dizisini ayırın ve sebzeleri atın. Stoktaki yağı alın.
d) Stoku ve jambon dizisini ıslatılmış bezelye ile birlikte tencereye geri koyun. Bezelye yumuşayana kadar yaklaşık 2 saat kısık ateşte pişirin. Bezelyenin yarısını oluklu bir kaşıkla çorbadan alın ve mutfak robotunda püre haline getirin.
e) Püreyi çorbaya geri koyun.
f) Hazırlanan Spinners'ı çorbaya ekleyin ve ısıtın.

7. Anında Pot Mercimek Bamya

Yapar: 6
İÇİNDEKİLER:
- 1 su bardağı karnabahar, ince kıyılmış
- 1 kutu tuzsuz domates, doğranmış
- 1 su bardağı mercimek
- 2 yemek kaşığı Elma Sirkesi
- 1 ½ bardak doğranmış soğan
- 2 su bardağı doğranmış taze bamya
- 2 yemek kaşığı sebze suyu
- 1 çay kaşığı Cajun karışımı baharat
- 1 kırmızı dolmalık biber, doğranmış
- ½ su bardağı domates sosu
- 1 çay kaşığı kıyılmış sarımsak
- 3 su bardağı sebze suyu
- 2 kereviz kaburga, kıyılmış
- ½ yemek kaşığı taze kekik
- 1 yemek kaşığı taze kekik
- ½ çay kaşığı kırmızı biber
- tatmak için koşer tuzu
- Süslemek için dilimlenmiş jalapeno biberi ve taze kişniş
- Kalınlaştırmak için bulamaç

TALİMATLAR:

a) Bir tencerede sebze suyunu, soğanı, sarımsağı, dolmalık biberi ve kerevizi yumuşayana ve aroması çıkana kadar 5 dakika soteleyin.

b) Baharatları ekleyin ve tekrar 1 dakika karıştırın.

c) Tuz ve karabiber hariç kalan malzemeleri ekleyin, ardından karıştırın.

d) Kapağı bir düdüklü tencereye yerleştirin ve en az 12 dakika pişirin. Doğal salınım, mercimeklerin tamamen piştiğinden emin olmak için en iyi şekilde çalışır. Ancak sıkıştıysanız, havalandırmayı bir bezle örtün ve ardından hızla bırakın.

e) Piştikten sonra ½ çay kaşığı tuz ve karabiber ekleyin. Bamya koyu bir kıvam alana kadar 10 dakika karıştırarak ısıtın. (Bamyayı pişirirken fazladan tuz eklemeyin).

f) Kaselerde servis yapmaya hazırlayın ve jalapeños, taze kişniş ve kırmızı biber gevreği ile süsleyin.

8. alaska ahtapot bamya

Yapar: 4 Porsiyon

İÇİNDEKİLER:
½ su bardağı Doğranmış domuz pastırması
2 su bardağı Su
1 litre Taze ahtapot, yumuşayana kadar buğulanmış
2 su bardağı az pişmiş buharda pişirilmiş pirinç
1 kilo Konserve domates
1 kutu bamya
½ bardak Doğranmış soğan
1 adet doğranmış yeşil biber
¼ çay kaşığı Cayenne
½ su bardağı doğranmış kereviz
Tatmak için biber ve tuz

Pastırmayı suda 15 dakika kaynatın, ardından kalan malzemeleri ekleyin. Birlikte on dakika kaynatın. Sıcak mısır ekmeği ile servis yapın.

9. Fırında sebze gumbo creole

Yapar: 10 porsiyon

İÇİNDEKİLER:

1 pound Taze bamya,diag. dilimlenmiş
2 paket Dondurulmuş dilimlenmiş bamya (10oz)
Kaynar tuzlu su
1 Kereviz, çapraz dilimlenmiş
2 adet dolmalık biber, şeritler halinde
2 paket Dondurulmuş lima fasulyesi (10oz)
8 Başak taze mısır taneleri
2 paket Dondurulmuş mısır, çözülmüş (10oz)
Tereyağı veya margarin
Galeta unu
1 Küçük soğan, doğranmış
4 adet olgun domates, dilimlenmiş
2 Serrano chiles, ince dilimlenmiş
1 çay kaşığı kıyılmış taze fesleğen
½ çay kaşığı Kuru fesleğen, ufalanmış
tatmak için tuz
tatmak için karabiber
½ su bardağı Rendelenmiş Monterey Jack

TALİMATLAR:
a) Taze bamyayı tuzlu kaynar suda kısaca haşlayın; boşaltmak.
b) Kerevizi kaynar tuzlu suda haşlayın.
c) Dolmalık biber ve lima fasulyesi ekleyin ve yumuşayana kadar pişirin; son 30 saniye boyunca mısır ekleyin (fazla pişirmeyin), ardından sebzeleri süzün.
d) Büyük bir fırın tepsisini yağlayın ve ekmek kırıntıları serpin; bir kat mısır-fasulye karışımı ve bamya ekleyin.
e) Soğan, domates ve fesleğeni birleştirin; tabakta alt tabaka üzerine kaşık soğan-domates karışımı tabakası.
f) Chiles serpin ve tuz ve karabiber serpin.
g) Tereyağı ile nokta ve ekmek kırıntıları serpin.
h) Güveç dolana kadar katmanlamayı tekrarlayın.
i) Üzerine kırıntılara batırılmış ve tereyağında hafifçe sotelenmiş bir kat bamya koyun; İstenirse rendelenmiş peynir ile eşit olarak serpin.
j) Önceden ısıtılmış 300' fırında 1 saat üstü açık pişirin.

10. Cajun yayın balığı bamya

Yapar: 10 Porsiyon

İÇİNDEKİLER:
2 su bardağı doğranmış soğan
2 su bardağı Yeşil soğan; kıyılmış *
1 su bardağı kıyılmış kereviz
½ su bardağı Dolmalık biber; kıyılmış
6 Cl Sarımsak; kıyılmış
6 7 ons yayın balığı filetosu; kesilmiş
3 7 ons yayın balığı filetosu; st için
1 pound Yengeç eti; (pençe)
1 pound Karides; (soyulmuş)
1½ bardak Yağ
1½ bardak Un
4 litre Sıcak su
Tuz; tatmak
Kırmızı biber; tatmak
* yeşillikleri ayırın ve rezerve edin.

TALİMATLAR:
a) Ayrı bir tencerede 3 (7 ons) yayın balığı filetosunu 1 litre hafif tuzlu suda 15 dakika pişirin. Tülbentten süzün ve sıvıyı ayırın. Yayın balığını doğrayın ve eti ayırın. Ağır tabanlı bamya tenceresine yağı ve unu ekleyin. Altın kahverengi olana kadar sürekli karıştırarak orta yüksek ateşte pişirin. Dikkat, kavurmayın! Yeşil soğan üstleri hariç tüm baharatları ekleyin. 5 dakika sote edin.

b) Tüm balık suyunu ve doğranmış yayın balığını ekleyin. Koyu çorba kıvamına gelinceye kadar birer kepçe sıcak su ekleyin. Pençe yengeç eti ve karidesin yarısını ekleyin. Kaynamaya azaltın. Ara sıra karıştırarak yaklaşık 45 dakika pişirin. Yayın balığı, kalan karides ve yeşil soğan üstlerini ekleyin. 10-15 dakika pişirin. Tuz ve acı biber kullanarak tatlandırın. Hacmi korumak için gerekirse su ekleyin. Beyaz pirinç üzerinde servis yapın.

JAMBALAYA

11. Yavaş Tencere Jambalaya

6–8 SERVİS YAPAR

İÇİNDEKİLER:

- 1,5 kilo kemiksiz tavuk budu, durulanır, fazla yağı alınır ve 1 inçlik küpler halinde kesilir
- 3 bağlantı Cajun tütsülenmiş sosis (toplamda yaklaşık 14 ons), 1/4 inç kalınlığında yuvarlaklar halinde kesilmiş
- 1 orta boy soğan, doğranmış
- 1 yeşil dolmalık biber, doğranmış
- 1 kereviz sapı, doğranmış
- 3 diş sarımsak, kıyılmış
- 2 yemek kaşığı domates salçası
- 1 çay kaşığı Creole baharatı
- 1 çay kaşığı tuz
- ½ çay kaşığı taze çekilmiş karabiber
- ½ çay kaşığı Tabasco sosu
- ½ çay kaşığı Worcestershire sosu
- 2 su bardağı tavuk suyu
- 1 ½ su bardağı uzun taneli pirinç
- 2 pound orta boy karides, soyulmuş ve kabuğu çıkarılmış (isteğe bağlı)

TALİMATLAR:

a) Tüm malzemeleri (kullanılıyorsa karides hariç) yavaş bir tencereye koyun. Birlikte karıştırın, örtün ve 5 saat kısık ateşte pişirin.

b) Karides kullanıyorsanız, 5 saatlik pişirmeden sonra hafifçe karıştırın ve 30 dakika ila 1 saat daha veya karides bitene ancak fazla pişmeyene kadar yüksekte pişirin.

12. Kırmızı Fasulye Jambalaya

4 porsiyon yapar

İÇİNDEKİLER:
- 1 yemek kaşığı zeytinyağı
- 1 orta boy sarı soğan, doğranmış
- 2 kereviz kaburga, kıyılmış
- 1 orta boy yeşil biber, doğranmış
- 3 diş sarımsak, kıyılmış
- 1 su bardağı uzun taneli pirinç
- 3 bardak pişmiş veya 2 (15,5 ons) kutu koyu kırmızı barbunya fasulyesi
- 1 (14,5 ons) doğranmış domates, süzülmüş olabilir
- (14.5 ons) ezilmiş domates olabilir
- (4 ons) hafif yeşil chiles olabilir, süzülmüş
- 1 çay kaşığı kuru kekik
- 1/2 çay kaşığı kurutulmuş mercanköşk
- 1 çay kaşığı tuz
- Taze çekilmiş karabiber
- 2 1/2 su bardağı sebze suyu
- Süslemek için 1 yemek kaşığı kıyılmış taze maydanoz
- Tabasco sosu (isteğe bağlı)

TALİMATLAR:

a) Büyük bir tencerede, yağı orta ateşte ısıtın. Soğan, kereviz, dolmalık biber ve sarımsağı ekleyin. Örtün ve yumuşayana kadar yaklaşık 7 dakika pişirin.

b) Tatmak için pirinç, fasulye, doğranmış domates, ezilmiş domates, kırmızı biber, kekik, mercanköşk, tuz ve karabiberi karıştırın. Et suyunu ekleyin, üzerini kapatın ve sebzeler yumuşayana ve pirinç yumuşayana kadar yaklaşık 45 dakika pişirin.

c) Kullanıyorsanız maydanoz ve biraz Tabasco serpin ve servis yapın.

13. Fırında Jambalaya Güveç

4 porsiyon yapar

İÇİNDEKİLER:
- 10 ons tempeh
- 2 yemek kaşığı zeytinyağı
- 1 orta boy sarı soğan, doğranmış
- 1 orta boy yeşil biber, doğranmış
- 2 diş sarımsak, kıyılmış
- 1 (28 ons) doğranmış domates, süzülmemiş olabilir
- 1/2 su bardağı beyaz pirinç
- 1 1/2 su bardağı sebze suyu
- 1 1/2 bardak pişmiş veya 1 (15,5 ons) konserve koyu kırmızı barbunya fasulyesi
- 1 yemek kaşığı kıyılmış taze maydanoz
- 1 1/2 çay kaşığı Cajun baharatı
- 1 çay kaşığı kuru kekik
- 1/2 çay kaşığı tuz
- 1/4 çay kaşığı taze çekilmiş karabiber

TALİMATLAR:
a) Orta boy bir tencerede kaynayan su ile tempeh'i 30 dakika pişirin. Süzün ve kurulayın. 1/2 inçlik zarlara kesin. Fırını 350 ° F'ye ısıtın.
b) Büyük bir tavada, 1 çorba kaşığı yağı orta ateşte ısıtın. Tempeh ekleyin ve her iki tarafı da kızarana kadar yaklaşık 8 dakika pişirin. Tempeh'i 9 x 13 inçlik bir pişirme kabına aktarın ve bir kenara koyun.
c) Aynı tavada kalan 1 yemek kaşığı yağı orta ateşte ısıtın. Soğan, dolmalık biber ve sarımsağı ekleyin. Örtün ve sebzeler yumuşayana kadar yaklaşık 7 dakika pişirin.
d) Sebze karışımını tempeh ile pişirme kabına ekleyin. Domatesleri sıvıları, pirinç, et suyu, barbunya, maydanoz, Cajun baharatı, kekik, tuz ve karabiberle karıştırın.
e) İyice karıştırın, ardından sıkıca kapatın ve pirinç yumuşayana kadar yaklaşık 1 saat pişirin. Hemen servis yapın.

14. Sosis Jambalaya

Yapar: 6-8 porsiyon

İÇİNDEKİLER:

- ½ su bardağı tereyağı veya margarin
- 1 büyük soğan, doğranmış
- 1 büyük yeşil dolmalık biber, doğranmış
- ½ su bardağı doğranmış kereviz
- 1 yemek kaşığı kıyılmış sarımsak
- 1 pound tamamen pişmiş tütsülenmiş sosis bağlantıları, dilimlenmiş
- 3 su bardağı tavuk suyu
- 2 su bardağı pişmemiş beyaz pirinç
- 1 su bardağı doğranmış domates
- ½ su bardağı kıyılmış yeşil soğan
- 1-½ yemek kaşığı maydanoz
- 1 yemek kaşığı Worcestershire sosu
- 1 yemek kaşığı Tabasco sosu

TALİMATLAR:

- Fırını 375 dereceye ısıtın.
- Bir tavada tereyağını eritin. Soğan, dolmalık biber, kereviz ve sarımsağı yumuşayana kadar tereyağında soteleyin.
- Büyük bir kapta sosis, et suyu, pirinç, domates, yeşil soğan, maydanoz, Worcestershire sosu ve Tabasco sosu birleştirin. Sotelenmiş sebzeleri sosis karışımına karıştırın.
- Yağlanmış 9x13 inçlik bir tavaya yayın.
- Örtün ve 20 dakika pişirin. Karıştırın, örtün ve 20 dakika daha pişirin.
- Karıştırın, örtün ve son 5-10 dakika veya pirinç pişene kadar pişirin.

15. Sosisli Tavuk Jambalaya

1 litre yapar

- 1 yemek kaşığı zeytinyağı
- 3 ila 4 pound (1,4 ila 1,8 kg) kemiksiz, derisiz tavuk uylukları ve göğüsleri, lokma büyüklüğünde parçalar halinde kesilmiş
- 2 su bardağı tütsülenmiş sosis, parçalar halinde kesilmiş
- 2 bardak doğranmış soğan
- 2 su bardağı kıyılmış dolmalık biber
- 2 kaburga kereviz, doğranmış
- 6 diş sarımsak, kıyılmış
- 2 yemek kaşığı füme kırmızı biber
- 2 yemek kaşığı kuru kekik
- Acı biber, tatmak
- 2 yemek kaşığı Cajun baharat karışımı
- 6 su bardağı soyulmuş domates suyu ile bölünmüş
- ¼ çay kaşığı acı biber sosu
- 4 su bardağı tavuk suyu
- 4 su bardağı su
- Tatmak için biber ve tuz

a) Büyük bir tencerede zeytinyağını ısıtın ve ilk 6 MALZEMELERİ hafifçe kızartın:.
b) Küçük bir kasede kırmızı biber, tuz, karabiber, kekik, kırmızı biber ve Cajun baharat karışımını karıştırın.
c) Sebze ve et karışımını baharat karışımıyla serpin, ardından domatesleri ve acı sosu ekleyin ve birleştirmek için iyice karıştırın.
d) Malzemeleri sterilize edilmiş kuart kavanozlara koyun ve yarıya kadar doldurmayın.
e) Bu arada, et suyu, domates suyu ve suyu tencereye koyun ve kaynatın, tencerenin altını temizleyin.
f) Her kavanoza 2 bardak sıcak sıvı koyun ve 1 inç boşluk bırakın. Gerekirse su ilave edebilirsiniz.
g) Kavanozları kapatın ve yüksekliğe göre ayarlayarak 10 PSI'da 90 dakika basınçlı bir teneke kutuda işleyin.

16. Jambalaya - Lahana Dolması

Yapar: 6 İLA 8 SERVİS

İÇİNDEKİLER:
- 2 yemek kaşığı sızma zeytinyağı
- 1 pound andouille sosis, doğranmış
- 1 büyük kırmızı dolmalık biber, doğranmış
- 1 büyük yeşil dolmalık biber, doğranmış
- 1 büyük kırmızı soğan, doğranmış
- 1 (14,5 ons) doğranmış domates, süzülmemiş olabilir
- 2 yemek kaşığı domates salçası
- 5 diş sarımsak, kıyılmış
- 2½ çay kaşığı Cajun baharatı, bölünmüş
- 2 çay kaşığı kuru kekik
- 2 çay kaşığı kırmızı biber
- 2 çay kaşığı Worcestershire sosu
- 1½ çay kaşığı kereviz tuzu
- 3 defne yaprağı
- 6 bardak sebze suyu, bölünmüş
- 1½ su bardağı pişmemiş beyaz pirinç
- 1 pound orta çiğ karides, soyulmuş ve kabuğu çıkarılmış
- 1 büyük baş lahana, yaprakları tek tek çıkarılmış
- Yağlamak için bitkisel yağ
- 1 su bardağı konserve domates sosu
- Kaşar tuzu ve karabiber, tatmak için

TALİMATLAR:

a) Orta ateşte büyük bir tencerede yağı gezdirin. Yağ kızdıktan sonra salçayı atın ve kızarana kadar pişirin. Sosisleri tencereden çıkarın ve bir kenara koyun.

b) Ardından biberleri ve soğanları ekleyin. Güzel ve yumuşayana kadar pişirin, ardından domatesleri (suyuyla birlikte), salçayı ve sarımsağı ekleyin. İyice karıştırın. 2 çay kaşığı Cajun baharatı, kekik, kırmızı biber, Worcestershire sosu, kereviz tuzu, defne yaprağı ve 3 su bardağı sebze suyu ekleyin. Malzemeleri karıştırın, ardından pişmemiş pirinçle birlikte sosisi tekrar tencereye ekleyin. Tekrar karıştırın ve 25 ila 30 dakika veya sıvı emilene kadar pişirin. Ardından karidesleri ekleyin, karıştırın ve ocaktan alın. Kenara ayarlayın.

c) Orta ateşte ayrı bir tencereye lahana yapraklarını ve kalan 3 su bardağı sebze suyunu ekleyin. Lahana yumuşayana kadar pişirin, ardından süzün ve soğutun.

d) Bir fırın tepsisini hafifçe yağlayın. Her lahana yaprağına yaklaşık ¼ fincan jambalaya sarın ve ruloları fırın tepsisine yerleştirin. Kenara ayarlayın.

e) Küçük bir kapta domates sosu, kalan ½ çay kaşığı Cajun çeşnisi, tuz ve karabiberi birleştirin. İyice birleştirilene kadar karıştırın.

f) Domates sosunu lahana rulolarının her yerine dökün, ardından fırın tepsisini alüminyum folyo ile kapatın ve fırında 25 ila 30 dakika pişirin. Fırından çıkarın ve servis yapmadan önce soğumaya bırakın.

17. Kinoa reçeli

Yapar: 6 Porsiyon

İÇİNDEKİLER:
- 1 yemek kaşığı Acı Biber Susam Yağı
- 1 yemek kaşığı tam buğday unu
- 1 orta boy Soğan; doğranmış
- 1 diş sarımsak; kıyılmış
- 28 ons Ezilmiş Domates
- 1 defne yaprağı
- ½ yemek kaşığı Kuru kekik
- ¾ çay kaşığı Lima deniz tuzu
- 1 su bardağı Eden Kinoa; durulanmış
- 1 adet yeşil biber; doğranmış
- ½ su bardağı Maydanoz, kıyılmış
- 1 su bardağı Kereviz; kıyılmış
- 2 adet yeşil soğan; ince dilimlenmiş

TALİMATLAR:
a) Ağır bir tencerede yağı ısıtın. Unu ekleyin ve hoş kokulu bir aroma çıkana kadar karıştırın (3 dakika). Soğan, sarımsak, domates, defne yaprağı, kekik ve tuzu ekleyin. Karıştırın ve pişirin, 10 dakika boyunca örtün.

b) Stoka su ekleyin. Kaynatın. Kinoa, yeşil biber, maydanoz, kereviz ve yeşil soğanı ekleyin. Örtün ve 3-5 dakika daha pişirin.

c) Isıyı kapatın ve 10 dakika boyunca örtün. Biber ekleyin. İyice karıştırın. Sert.

18. timsah jambalaya

Yapar: 256 inç bağlantılar

İÇİNDEKİLER:
- Küçük parçalar halinde kesilmiş 1 pound Marine edilmiş timsah filetosu
- 1 pound Sıcak sosis (İtalyan) parçalar halinde kesilmiş
- 3 yemek kaşığı Yağ
- ⅔ bardak doğranmış dolmalık biber
- 2 diş ezilmiş sarımsak
- ¾ bardak Maydanoz
- 1 su bardağı kıyılmış taze maydanoz
- 1 su bardağı kıyılmış kereviz
- 2 kutu Domates (her biri 16 ons)
- 2 su bardağı tavuk suyu
- 1 su bardağı Yeşil soğan
- 2 çay kaşığı Kekik
- 2 çizgi Kırmızı acı sos (isteğe bağlı)
- Cajun baharatları
- tatmak için tuz
- 2 su bardağı çiğ beyaz pirinç

a) Dolmalık biber, sarımsak, maydanoz ve kerevizi soteleyin. Bu pişerken domatesleri & sıvıyağını, tavuk suyunu & yeşil soğanı ocakta ve fırında pişebilecek bir tencereye ekleyin (Corning kabı)
b) Baharatları, sotelenmiş sebzeleri çiğ pirinci, sosisi ve timsah fileto parçalarını ekleyin.
c) Orta-yüksek ateşte suyunu çekene kadar pişirin ve daha sonra üzeri kapalı fırında 25 dakika pişirin.

19. Bayou boeuf jambalaya

Yapar: 6 porsiyon

İÇİNDEKİLER:
1 yemek kaşığı Kısaltma
¼ pound Kosher salamı, küp doğranmış
1 dal kekik
1 Soğan, dilimlenmiş
Tatmak için Tuz ve Biber
2 su bardağı Domates
1 su bardağı pişmemiş uzun taneli pirinç
1 yemek kaşığı Un
¼ fincan Yeşil biber, kıyılmış
1 defne yaprağı
1 tutam maydanoz, kıyılmış
1 diş sarımsak, kıyılmış
1 pound Kosher tütsülenmiş sosis.
1¼ bardak Domates suyu

Orta ateşte ağır tencerede katı yağı eritin. Un, salam ve yeşil biberi karıştırın. Sürekli karıştırarak 5 dakika pişirin.

Pirinç hariç kalan malzemeleri ekleyin. Kaynatın. Sıvıya pirinç ekleyin. Örtün ve 40 dakika pişirin. tüm sıvı emilene kadar.

20. Börülce ve sosis jambalaya

Yapar: 25 Porsiyon

İÇİNDEKİLER:
2 pound Beyaz soğan; kıyılmış
2 demet Yeşil soğan; kıyılmış
1 büyük yeşil dolmalık biber; kıyılmış
5 diş sarımsak; kıyılmış
1 su bardağı Maydanoz; kıyılmış
3 pound Tuzlu et*
3 pound Tütsülenmiş acı sosis
3 pound pişmemiş pirinç
12 bardak) su

*bir kez kaynatılır, küçük parçalar halinde kesilir Sosis kızartılır ve lokmalık parçalar halinde kesilir. Soğan, biber, sarımsak ve maydanozu soteleyin. Yumuşayana kadar pişirin. Tuzlu et, sosis, börülce ve pirinci ekleyin.

Tatmak için mevsim. 12 su bardağı su ekleyin. kaynatın; iyice karıştırın ve sıkıca kapatın. En kısık ateşte 45 dakika pişirin. Bu süre zarfında kapağı çıkarmayın. Servis yapmadan önce 5 ila 10 dakika kapağı çıkarın.

KIRMIZI FASULYE VE PİLAV

21. Uzun taneli Pirinç ve barbunya

Porsiyon:4

İÇİNDEKİLER

- 50ml/2 fl oz bitkisel yağ
- 1 soğan, ince kıyılmış
- 300ml/10½ ons uzun taneli pirinç
- 400ml/14½ ons su
- 400ml/14½ ons Hindistan cevizi sütü
- 400g/14¼oz konserve barbunya, durulanmış ve süzülmüş
- 3 yemek kaşığı taze kekik
- tuz ve taze çekilmiş karabiber
- süslemek için taze kişniş

TALIMATLAR

a) Yağı bir tavada ısıtın ve soğanı yarı saydam olana kadar kızartın.
b) Pirinci ekleyin, iyice karıştırın ve suyu ve hindistancevizi sütünü ekleyin. kaynatın.
c) Barbunya ve kekik ekleyin, pişirin ve pirinç pişene kadar yaklaşık 20 dakika kapağını kapatın. tuz ve taze çekilmiş karabiber serpin.
d) Kişniş ile süsleyerek servis yapın.

22. Yumurtada kızartılmış uzun taneli pirinç ile misket limonu tavuğu

Porsiyon:2

İÇİNDEKİLER
tavuk için
- 2 derisiz tavuk göğsü
- 2 yemek kaşığı susam yağı
- 2 çay kaşığı bitkisel yağ
- 2 yemek kaşığı soya sosu
- 2 diş sarımsak, ince kıyılmış
- ½ limon, rendelenmiş kabuğu ve suyu
- tuz ve taze çekilmiş karabiber
- 1 yemek kaşığı temiz bal

pirinç için
- 2 yemek kaşığı yer fıstığı yağı
- 2-3 çay kaşığı susam yağı
- 2 yumurta, hafifçe çırpılmış
- sıçrama soya sosu
- 2 taze soğan, ince kıyılmış
- 50g/2oz barbunya fasulyesi, pişmiş
- 150g uzun taneli pirinç, pişmiş
- tuz ve taze çekilmiş karabiber
- 3-4 yemek kaşığı kıyılmış kişniş
- kireç dilimleri, hizmet etmek için

TALİMATLAR

a) Kelebek yapmak için, tavuk göğüslerini bir tahtanın üzerine koyun ve keskin bir bıçak kullanarak her bir göğsün dörtte üçü boyunca kesme tahtasına paralel bir kesim yapın.

b) Her bir tavuk göğsünü açın, böylece iki büyük, daha ince tavuk göğsünüz olur.

c) Bunları bir çorba kaşığı susam yağı, bitkisel yağ, soya sosu, sarımsak, limon kabuğu rendesi ve meyve suyuyla birlikte bir kaseye koyun.

d) Tuz ve taze çekilmiş karabiber ile tatlandırın ve birleştirmek için karıştırın. Ayrı bir kapta balı kalan susam yağı ile karıştırın.

e) Bir ızgara tavasını orta-yüksek ateşte duman çıkana kadar ısıtın, ardından tavuğu ızgaraya koyun ve bal ve susam karışımı ile bir veya iki kez fırçalayarak her iki tarafını 2-3 dakika pişirin.
f) Tamamlandığında tavuğun dışı kömürde ızgara yapılmalı ve tamamen pişirilmelidir. 2-3 dakika dinlenmeye bırakın.
g) Bu arada pirinç için wok'u yüksek ateşte ısıtın, ardından yer fıstığını ve bir çay kaşığı susam yağını ekleyin. Yağ köpürmeye başlayınca yumurtaları ekleyin ve sürekli karıştırarak 1-2 dakika veya yumurtalar karışana kadar pişirin.
h) Yumurtaları tavanın kenarına itin ve biraz daha susam yağı, soya sosu, taze soğan ve barbunya ekleyin ve bir dakika pişirin, ardından pirinci ekleyin ve tuz ve taze çekilmiş karabiber ekleyin.
i) Sürekli karıştırarak 3-4 dakika veya tamamen ısınana kadar pişirin. Kişnişi karıştırın.
j) Servis yapmak için pirinci tabaklara kaşıkla koyun. Tavuğu çapraz olarak ince şeritler halinde kesin ve pirincin üzerine yerleştirin. Bir dilim limonla süsleyin.

23. Uzun taneli Rice Hoppin' John

Porsiyon:4

İÇİNDEKİLER

- 2 yemek kaşığı bitkisel yağ
- 300g/10½oz pişmiş ve kıyılmış domuz pastırması
- 1 yeşil biber, ince kıyılmış
- 1 kırmızı biber, ince kıyılmış
- 1 kırmızı soğan, ince kıyılmış
- 3 kereviz sapı, ince kıyılmış
- 4 diş sarımsak, ezilmiş
- 1 çay kaşığı kuru pul biber
- 2 defne yaprağı
- 1 litre/1¾ pint tavuk veya sebze suyu
- 400g/14oz konserve barbunya fasulyesi, süzülmüş ve durulanmış
- 225g/8oz uzun taneli pirinç
- 2 yemek kaşığı Creole veya çok amaçlı baharat
- tuz ve taze çekilmiş karabiber
- Hizmet etmek
- bir avuç ince kıyılmış düz yapraklı maydanoz yaprağı
- demet taze soğan, ince kıyılmış

TALİMATLAR

a) Yağı büyük bir tavada orta ateşte ısıtın.
b) Tavaya pastırma ekleyin ve gevrek olana kadar kızartın. Oluklu bir kaşıkla çıkarın ve mutfak kağıdının üzerine boşaltın.
c) Tavaya soğan, biber, kereviz, sarımsak, pul biber, defne yaprağı, Creole çeşnisi, tuz ve karabiberi ekleyin ve yumuşayıncaya kadar düşük ila orta ateşte soteleyin.
d) Stoku dökün ve kaynatın.
e) Pirinç, fasulye ve pastırmayı ekleyin ve iyice karıştırın. Örtün ve 20 dakika veya pirinç yumuşayana ve sıvının çoğu emilene kadar pişirin.
f) Servis kaselerine paylaştırın, üzerine maydanoz ve taze soğan serperek servis yapın.

24. Meksika Esintili Barbunya ve Pirinç

Porsiyon:: 8

İÇİNDEKİLER
- 1 yemek kaşığı Tavuk Bulyon (İndirgenmiş Sodyum)
- 3 yemek kaşığı domates salçası
- 1 çay kaşığı öğütülmüş kişniş tohumu
- 1 tatlı kaşığı tuz
- ½ çay kaşığı sarımsak tozu
- ¼ çay kaşığı biber
- 3½ bardak su
- 2 bardak uzun taneli beyaz pirinç, tel süzgeç kullanılarak durulanır
- 1 kırmızı dolmalık biber, saplı, tohumlanmış ve doğranmış
- ¼ su bardağı ince kıyılmış kırmızı soğan
- 1 jalapeño, saplı, çekirdeksiz ve ince doğranmış
- 2 yemek kaşığı ince kıyılmış kişniş
- 1 kutu (15 ons) barbunya fasulyesi, süzülmüş ve durulanmış

TALIMATLAR
a) Bir tencereye Tavuk Tabanı, salça, kişniş, tuz, sarımsak tozu ve karabiber ekleyin; birleştirmek için çırpın.
b) Yavaş yavaş suyla çırpın, pirinci ekleyin ve birleştirmek için karıştırın. Orta-yüksek ateşte bir tencereye koyun ve ara sıra karıştırarak kaynatın.
c) Isıyı orta-düşük seviyeye düşürün, örtün. Sıvı emilene kadar ara sıra karıştırarak yaklaşık 12-15 dakika pişirmeye devam edin. Ateşten alın ve birkaç dakika kapalı olarak bekletin.
d) Pirinci büyük bir kaseye koyun ve dolmalık biber, soğan, jalapeño ve kişniş ekleyin; birleştirmek için karıştırın.
e) Fasulyeleri hafifçe karıştırın ve servis yapın.

25. Barbunya ve Kişnişli Pilav

porsiyon 6
İÇİNDEKİLER
Pirinç için:
- 1 su bardağı uzun taneli beyaz pirinç
- 1 yemek kaşığı zeytinyağı
- 8 ons konserve domates sosu
- 1 kırmızı dolmalık biber, çekirdekleri çıkarılmış ve dörde bölünmüş
- 1 1/2 bardak tavuk suyu veya sebze suyu
- 3/4 çay kaşığı koşer tuzu
- 1 çay kaşığı sarımsak tozu
- 1/4 çay kaşığı biber tozu
- 1/4 çay kaşığı kimyon
- 1/2 su bardağı doğranmış domates
- İsteğe göre süslemek için 2 yemek kaşığı kıyılmış kişniş

Fasulye için:
- 15 ons barbunya konservesi süzüldü ve durulandı
- 1/2 bardak tavuk suyu veya sebze suyu
- 1 yemek kaşığı domates salçası
- 3/4 çay kaşığı tuz
- 3/4 çay kaşığı biber tozu
- isteğe bağlı garnitür için 1/2 su bardağı pico de gallo

TALIMATLAR
Pirinç için:
a) Zeytinyağını 2 litrelik bir tencerede orta ateşte ısıtın. Pirinci ekleyin ve pirinç yağla kaplanana kadar karıştırın. Yaklaşık 5 dakika veya pirinç kızarana ve hafifçe kızarana kadar pişirin.
b) Kalan tüm malzemeleri ekleyin.
c) Tencereyi brülöre geri koyun ve içindekileri kaynatın.
d) Tencereyi kapatın ve ısıyı düşürün; 17 dakika pişirin.
e) Tencereyi ocaktan alın ve ağzı kapalı olarak 5 dakika bekletin. Dolmalık biberleri çıkarın ve atın. İyice karıştırın. İstenirse domates ve yeşil soğan ile süsleyin.

Fasulye için:
f) Tüm malzemeleri orta-yüksek ateşte bir tencereye koyun ve kaynatın. Sos koyulaşana kadar 7-10 dakika pişirin. Tadına bakın ve gerekirse daha fazla tuz veya biber tozu ekleyin. Sos beğeninize göre çok kalınsa biraz daha tavuk suyu da ekleyebilirsiniz. İsterseniz pico de gallo ile süsleyin.

26. İspanyol Barbunya Fasulyesi ve Pilavı

porsiyon 2

İÇİNDEKİLER
PİRİNÇ İÇİN
- 2 su bardağı sebze suyu 475 ml
- 1 su bardağı uzun taneli pirinç 190 gram
- 1/4 çay kaşığı safran ipleri .17 gram
- tutam deniz tuzu
- çizgi karabiber

FASULYE İÇİN
- 2 yemek kaşığı sızma zeytinyağı 30 ml
- 1 küçük soğan
- 4 diş sarımsak
- 1 havuç
- 1 yeşil dolmalık biber
- 1 çay kaşığı tatlı füme İspanyol biberi 2,30 gram
- 1/2 çay kaşığı öğütülmüş kimyon 1,25 gram
- 2 1/2 su bardağı konserve barbunya fasulyesi 400 gram
- 1 su bardağı sebze suyu 240 ml
- tutam deniz tuzu
- çizgi karabiber
- bir avuç ince kıyılmış taze maydanoz

TALİMATLAR
a) Bir tencereye 2 su bardağı sebze suyunu ekleyin, 1/4 çay kaşığı safran ipliklerini sıkın ve deniz tuzu ve taze çekilmiş karabiber ekleyin, yüksek ateşte ısıtın

b) Bu arada, 1 bardak uzun taneli pirinci bir elek içine ekleyin ve su eleğin altından berrak bir şekilde akana kadar soğuk akan su altında durulayın.

c) Et suyu kaynamaya başlayınca, pirinci tavaya ekleyin, karıştırın ve tavayı kapatın, orta-düşük ısıya düşürün ve pirinç pişene kadar pişirin.

d) Bu arada geniş bir tavayı orta ateşte ısıtın ve 2 yemek kaşığı sızma zeytinyağını ekleyin, 2 dakika sonra ince doğranmış 1 küçük soğan, ince doğranmış 1 yeşil dolmalık biber, ince doğranmış 1 havuç (soyulmuş) ve kabaca 4 diş sarımsağı ekleyin. kıyılmış, sebzeyi zeytinyağı ile sürekli karıştırın

e) 4 dakika sonra sebzeler hafifçe sotelenir, 1 çay kaşığı tatlı füme İspanyol kırmızı biberi ve 1/2 çay kaşığı öğütülmüş kimyon ekleyin, hızlıca karıştırın, ardından 2 1/2 bardak konserve barbunya (süzülmüş ve durulanmış) ekleyin ve deniz tuzu ile baharatlayın ve karabiber, iyice karışana kadar hafifçe karıştırın, ardından 1 su bardağı sebze suyunu ekleyin ve orta ateşte pişirin

f) Pirinç tamamen pişince (benim durumumda 15 dakika), pirinci ocaktan alın, kapağı kapalı olarak 3-4 dakika bekletin, ardından kapağı çıkarın ve pirinci bir çatalla kabartın, pirinci aktarın servis tabaklarına

g) Kaynayan fasulyeleri (biraz et suyu kalmış olmalı) alın ve pilavın yanındaki servis tabağına alın, üzerine kıyılmış taze maydanoz serpin ve afiyet olsun!

27. Tek Kap Pirinç ve Fasulye

Ttoplam Zaman:30 dakika

İÇİNDEKİLER
- 2 yemek kaşığı zeytinyağı
- 1 sarı soğan, doğranmış (yaklaşık 1 ¼ bardak)
- 1 ¾ bardak tavuk veya sebze suyu veya su
- 1 çay kaşığı tuz
- 1 su bardağı uzun taneli pirinç
- 1 (15,5 ons) kutu siyah veya barbunya fasulyesi
- Garnitür için kireç dilimleri veya kişniş yaprakları (isteğe bağlı)

TALİMATLAR

h) Büyük bir tencerede veya sıkıca kapanan bir kapaklı Hollandalı fırında zeytinyağını orta ateşte ısıtın. Soğanı ekleyin ve yarı saydam olana kadar yaklaşık 3 dakika soteleyin. Stoku ekleyin, örtün ve kaynatın.

i) Tuz, pirinç ve fasulyeleri (sıvı dahil) ekleyin. Sadece birleştirmek için karıştırın, sonra örtün.

j) Isıyı olabildiğince kısın, ardından 18 ila 20 dakika boyunca rahatsız edilmeden kaynamaya bırakın. Ateşten alın ve 4 dakika bekletin, ardından bir çatalla kabartın.

k) Tuz ve karabiberle tatlandırın, ardından dilediğiniz gibi misket limonu veya kişnişle süsleyin.

28. Güney Barbunya Fasulyesi ve Pirinç

Porsiyon: 6 bardak

İÇİNDEKİLER
- 1 lb. kurutulmuş barbunya fasulyesi
- 8 su bardağı su veya et suyu
- Gece boyunca ıslatmak için 2 yemek kaşığı tuz; sofra tuzu
- 2 yemek kaşığı soğan tozu veya 1 su bardağı taze, doğranmış soğan
- 2 yemek kaşığı sarımsak tozu
- 2 su bardağı pirinç, kahverengi veya beyaz pirinç, pişmiş
- 1 adet tütsülenmiş jambon
- tatmak için biber ve tuz

TALİMATLAR
a) Fasulyeleri soğan ve sarımsak tozu, sıvı ve protein (isteğe bağlı) ile birlikte büyük bir Hollanda fırınına koyun.

b) 3-4 saat veya yumuşayana kadar kapağı açık olarak kısık ateşte pişirin; sıvı seviyesini sık sık kontrol edin; gerekirse daha fazlasını ekleyin; ihale edildiğinde, baharatları tadın ve buna göre ayarlayın

c) 1 lb. kuru barbunya, 8 su bardağı su veya et suyu, 2 yemek kaşığı soğan tozu, 2 yemek kaşığı sarımsak tozu, 1 tütsülenmiş jambon

29. Barbunya ve Pirinç ve Sosis

Porsiyon: 6 porsiyon

İÇİNDEKİLER
- 1 pound kuru barbunya fasulyesi
- 6 su bardağı su
- 1 jambon diz veya etli artık jambon kemiği
- 1 orta boy soğan, doğranmış
- 3 diş sarımsak, kıyılmış
- 1 1/2 çay kaşığı tuz
- 1 pound andouille tütsülenmiş sosis veya benzer tütsülenmiş sosis, dilimlenmiş
- 1 (14 1/2 ons) kutu domates, doğranmış
- 1 (4 ons) hafif yeşil şili biber konservesi veya hafif ve jalapeño karışımı, doğranmış
- 1/2 çay kaşığı kırmızı biber gevreği, ezilmiş, isteğe bağlı
- 4 su bardağı pişmiş beyaz pirinç, uzun taneli veya hızlı irmik, sıcak haşlanmış

TALIMATLAR
a) Bir gece önce barbunya fasulyelerini büyük bir kaseye veya tencereye koyun ve fasulyelerin yaklaşık 3 inç yukarısına kadar suyla kaplayın. 8 saat veya bir gece bekletin. İyice süzün.

b) Islatılmış ve süzülmüş fasulyeleri büyük bir tencerede veya Hollanda fırınında yüksek ateşte su, jambon, soğan ve sarımsakla birleştirin; kaynatın. Örtün ve ısıyı orta seviyeye düşürün; fasulyeleri 45 dakika veya fasulyeler yumuşayana kadar pişirin.*

c) Tuz, dilimlenmiş sosis, domates, hafif acı biber ve istenirse kırmızı pul biber ekleyin. Örtün, ısıyı düşürün ve ara sıra karıştırarak 1 saat pişirin.

d) Jambon dizisini çıkarın ve eti kemikten çıkarın. Jambonu bir çatalla veya doğrayın. Jambonu fasulye karışımına geri koyun.

e) Barbunya fasulyesini sıcak pişmiş pilavın üzerine servis edin.

30. Gallopinto (Nikaragua Pirinç ve Fasulyesi)

Porsiyon:: 8 porsiyon

İÇİNDEKİLER
fasulye için
- 1 (16 ons) torba kurutulmuş Barbunya fasulyesi
- Tuz
- 7 diş sarımsak, soyulmuş

pirinç için
- 1/4 su bardağı bitkisel yağ, bölünmüş
- 1 orta boy sarı soğan, ince kıyılmış (yaklaşık 1 bardak), bölünmüş
- 1 1/2 su bardağı uzun taneli beyaz pirinç
- 3 su bardağı su veya düşük sodyumlu tavuk suyu
- 1/2 yeşil dolmalık biber, özlü ve tohumlu

TALIMATLAR
Fasulye için:

a) Fasulyeleri kenarlı bir fırın tepsisine yayın. Döküntüleri ve kırık fasulyeleri ayıklayın. Fasulyeleri bir kevgir içine aktarın ve soğuk akan su altında durulayın. Durulanmış fasulyeleri büyük bir tencereye koyun ve üzerini soğuk suyla kapatın; 30 dakika bekletin.

b) Yüksek ateşte kaynatın. Isıyı orta seviyeye düşürün ve fasulyeleri 30 dakika pişirin. Ateşi kapatın, fasulyeleri örtün ve 1 saat dinlendirin. Fasulyeleri yüksek ateşte kaynatmak için geri getirin. 2 çay kaşığı tuz ve sarımsak ekleyin, ısıyı orta seviyeye indirin ve fasulyeler yumuşayana kadar 30 ila 60 dakika pişirin.

pirinç için:

c) Büyük, kalın dipli bir tencerede 2 yemek kaşığı yağı parıldayana kadar orta ateşte ısıtın. 2/3 soğan ekleyin ve yumuşayana ve yarı saydam olana kadar yaklaşık 5 dakika karıştırarak pişirin.

d) Pirinci ekleyin ve tahıllar parlaklaşana ve yağla eşit şekilde kaplanana kadar 2 ila 3 dakika karıştırarak pişirin. Su veya et suyu ve 1 1/2 çay kaşığı tuz ekleyin, ısıyı yükseltin ve kaynatın. Dolmalık biberi pirincin üzerine yerleştirin.

e) Pirinci, sıvının çoğu buharlaşana ve pirincin yüzeyinde patlayan küçük kabarcıklar görene kadar karıştırmadan kaynatın. Hemen ısıyı en düşük ayara getirin, örtün ve 15 dakika pişirin (karıştırmayın, kapağı açmayın). Dolmalık biberi çıkarın ve atın. Yemek çubukları veya çatalla pirinci kabartın, ardından soğumaya bırakın ve 1 gün buzdolabında bekletin.

Gallopinto için:

f) Kalan 2 yemek kaşığı yağı büyük bir tencerede parıldayana kadar orta-yüksek ateşte ısıtın. Kalan soğanı ekleyin ve yumuşayana ve yarı saydam olana kadar yaklaşık 5 dakika karıştırarak pişirin.

g) Tavaya pirinç ve 2 su bardağı fasulye ekleyin ve pirinç eşit şekilde kaplanana kadar karıştırarak pişirin. Karıştırmaya devam ederek tatların birbirine geçmesini ve karışımın biraz gevrekleşmesini sağlayın, yaklaşık 10 dakika. Örtün ve 10 dakika daha kısık ateşte pişirin.

31. Pirinç üzerine fasulye sosu ve domates

Porsiyon: 6 porsiyon

İÇİNDEKİLER

- 1 su bardağı barbunya, ıslatılmış
- 2 Serrano biberi, çekirdekleri çıkarılmış ve doğranmış
- ½ yemek kaşığı zencefil, rendelenmiş
- 1 adet defne yaprağı
- ¼ çay kaşığı Zerdeçal
- 4 su bardağı Su
- 1⅓ fincan Stok
- ¼ bardak Kişniş
- Tuz biber
- 2 yemek kaşığı Ceviz, doğranmış ve kızartılmış
- 2 yemek kaşığı zeytinyağı
- 4 Domates, doğranmış
- 1 çay kaşığı pul biber
- 1 yemek kaşığı taze mercanköşk
- 1 çay kaşığı Akçaağaç şurubu
- 5 su bardağı Su
- 1½ bardak Uzun taneli Pirinç
- 2 Havuç, rendelenmiş
- 1 adet 3 "tarçın çubuğu
- ½ yemek kaşığı zeytinyağı

TALİMATLAR

a) Fasulyeler yumuşayana kadar 1½ ila 2 saat pişirin. Defne yaprağını atın &

SOS:

b) Büyük bir tencerede süzülmüş fasulye, kırmızı biber, zencefil, defne yaprağı, zerdeçal ve suyu birleştirin.

c) Kaynatın, ısıyı azaltın, örtün ve pişirin.

d) Fasulyeleri, suyu ve kişnişi bir mutfak robotuna koyun ve iri bir sos haline getirin. Baharatlayın, cevizleri ekleyin ve biraz ısıtın.

DOMATES:

e) Bir sote tavasında domates, biber tozu, mercanköşk ve şurubu birleştirin. Tuz ve karabiber ekleyin ve orta ateşte domates karamelleşmeye başlayana kadar yaklaşık 10 dakika karıştırarak kızartın. Düşük ısıda sıcak tutun.

PİRİNÇ:

f) Suyu kaynatın ve pirinç, havuç ve tarçınla karıştırın. Beyaz pirinç kullanıyorsanız, pirinç yumuşayana kadar 10 ila 12 dakika pişirin. Tarçın suyunu süzün ve atın ve akan su altında kısa bir süre durulayın.
g) Tavaya dönün ve yağ ile atın.
h) Servis yapmak için, sıcak tabaklara kaşıkla pirinç koyun, üzerine fasulye sosu ekleyin ve domatesleri serpin.

32. Cajun barbunya fasulyesi

Porsiyon:8

İÇİNDEKİLER
- 1 adet Küçük torba barbunya fasulyesi, yıkanmış ve ayıklanmış
- ¼ bardak Un
- ¼ bardak Pastırma yağı
- 1 büyük Soğan, doğranmış
- 6 diş Sarımsak, doğranmış
- ½ su bardağı kereviz, doğranmış
- 1 adet defne yaprağı
- ¼ fincan biber tozu
- 2 yemek kaşığı öğütülmüş kimyon
- 1 kutu biberli domates
- tatmak için tuz
- 2 pound Jambon budu veya tuzlu domuz İSTEĞE BAĞLI
- Kıyılmış silantro
- 2 su bardağı uzun taneli pirinç, pişmiş

TALIMATLAR
a) Barbunya fasulyelerini ayıklayın ve yıkayın. 1 küçük torba barbunyayı gece boyunca soğuk suda ve 1 yemek kaşığı kabartma tozunda ıslatın. Fasulyeleri yıkayıp 1 saat pişirin. Suyu değiştirin ve tekrar 1 yemek kaşığı karbonat ekleyin. Bir iki saat daha pişirin ve suyu son kez değiştirin, kabartma tozu ekleyin ve pişene kadar pişirin.

b) ¼ su bardağı unu ve ¼ su bardağı domuz pastırması yağını koyu renkli meyanede (kakao renginde) kızartın. Aşağıdakileri ekleyin ve solana kadar karıştırın: 1 büyük doğranmış soğan, 5 veya 6 diş doğranmış sarımsak, ½ su bardağı doğranmış kereviz, 1 defne yaprağı ve kişniş.

c) Biber tozu, kimyon ve domatesleri biber ve tuzla tatlandırın.

d) Jambonlu veya tuzlu domuz eti ile pişirilebilir.

e) Bu roux'u kullanmak barbunya fasulyesine gerçekten harika bir lezzet katıyor.

f) Uzun taneli pirinçle servis yapın.

33. Peynirli pilav ve fasulye

Porsiyon:5

İÇİNDEKİLER
- 1⅓ bardak Su
- 1 su bardağı rendelenmiş havuç
- 1 çay kaşığı hazır tavuk bulyon
- ¼ çay kaşığı Tuz
- 15 ons Can Barbunya Fasulyesi, süzülmüş
- 8 ons Sade az yağlı Yoğurt
- ½ su bardağı rendelenmiş az yağlı Cheddar peyniri
- ⅔ bardak Uzun taneli Pirinç
- ½ fincan Dilimlenmiş Yeşil Soğan
- ½ çay kaşığı Öğütülmüş Kişniş
- 1 çay kaşığı acı biber sosu
- 1 su bardağı Az yağlı Süzme Peynir
- 1 yemek kaşığı kıyılmış taze maydanoz

TALIMATLAR
a) Büyük bir tencerede su, pirinç, havuç, yeşil soğan, bulyon granülleri, kişniş, tuz ve şişelenmiş acı biber sosu birleştirin.
b) Kaynamaya getirin; ısıyı azaltın. Örtün ve 15 dakika veya pirinç yumuşayana ve su emilene kadar pişirin.
c) Pinto veya lacivert fasulye, süzme peynir, yoğurt ve maydanozu karıştırın.
d) 10x6x2 "fırın tepsisine kaşıkla.
e) 20-25 dakika veya iyice ısınana kadar üzeri kapalı olarak 350 derece F. fırında pişirin. Çedar peyniri serpin. Üstü açık olarak 3-5 dakika daha veya peynir eriyene kadar pişirin.

34. Pinto Fasulye ve Safranlı Pilav

Porsiyon:4

İÇİNDEKİLER
Fasulye
- 3 su bardağı kuru barbunya fasulyesi
- 1/2 sopa tereyağı
- 1/3 su bardağı domuz yağı
- 1/2 su bardağı sofrato
- 1 büyük kuru soğan
- 3 litre su

Pirinç
- 1-1/2 su bardağı uzun taneli pirinç
- 3 su bardağı tavuk suyu
- 1/2 çay kaşığı safran ipleri
- 1-1/2 çay kaşığı koşer tuzu
- 1/2 su bardağı su
- 1 yemek kaşığı tereyağı
- Sirke Acı biber sosu

TALIMATLAR
a) Fasulyeleri yıkayın ve taş ve kötü fasulye gibi tüm yabancı cisimleri çıkarın.
b) Soğanları küp küp doğrayın.
c) Soğanı, fasulyeyi, sofratoyu, suyu ve tereyağını ekleyin.
d) 4 dakika ısıtın ve domuz yağı ekleyin.
e) Örtün ve 15 dakika kaynatın, karıştırın, tekrar kapatın ve ısıyı yarı yarıya azaltın. Fasulyeler yumuşayıncaya kadar pişirin ve ardından tuzunu ekleyin.
f) Tereyağını eritin ve pirinci ekleyin. İyice karıştırın ve safran, et suyu ve suyu ekleyin.
g) Pirinci ara sıra karıştırarak kaynatın, suyunu çekince kapağını kapatın ve 20 dakika hiç karıştırmayın.
h) Fasulyeyi pilavın üzerine koyarak servis yapın. Sirke ve acı biber sosu ekleyin.

35. Barbunya fasulyesi ile Taco Baharatlı pirinç

Porsiyon: 6 porsiyon

İÇİNDEKİLER

- 2 su bardağı Su
- 8 ons Domates sosu
- 1 paket taco baharat karışımı
- 1 su bardağı Mısır
- ½ fincan Yeşil biber - doğranmış
- ½ çay kaşığı Kekik
- ⅛ çay kaşığı Sarımsak tozu
- 1 su bardağı uzun taneli pirinç
- 16 ons Pinto fasulyesi, konserve

TALİMATLAR

a) Orta boy bir tencerede, pirinç ve fasulye hariç tüm malzemeleri birleştirin.
b) Karışımı orta ateşte kaynatın. Pirinç ve fasulyeyi karıştırın.
c) Karışım tekrar kaynadığında, karıştırın, ardından ısıyı orta-düşük seviyeye indirin, örtün ve sıvının çoğu pişene kadar 45 dakika ila 1 saat arasında pişirin.
d) Ateşten alın ve üzeri kapalı olarak 5 dakika bekletin.
e) İyice karıştırın.

36. Hint balkabağı pilavı ve fasulyesi

Porsiyon:8

İÇİNDEKİLER
- 1 yemek kaşığı Kanola yağı
- 1 orta boy Sarı soğan; kıyılmış
- 2 diş sarımsak; kıyılmış
- 2 su bardağı Kabak küpleri
- 2 çay kaşığı köri tozu
- ½ çay kaşığı Karabiber
- ½ çay kaşığı Tuz
- ¼ çay kaşığı Öğütülmüş karanfil
- 1½ su bardağı uzun taneli beyaz pirinç
- 1 su bardağı iri kıyılmış lahana veya ıspanak
- 15 ons Pişmiş barbunya; süzülmüş ve durulanmış

TALIMATLAR

a) Büyük bir tencerede yağı orta ateşte ısıtın.
b) Soğanı ve sarımsağı ekleyin ve soğan yarı saydam olana kadar 5 dakika karıştırarak pişirin. Kabak, köri, karabiber, tuz ve karanfili ekleyip 1 dakika daha pişirin.
c) 3 su bardağı su ve pirinci ekleyip kapağını kapatın ve kaynamaya bırakın. Orta-düşük ateşte yaklaşık 15 dakika pişirin.
d) Lahana ve fasulyeleri karıştırın ve yaklaşık 5 dakika daha pişirin.
e) Pirinci kabartın ve ısıyı kapatın. Servis yapmadan önce 10 ila 15 dakika bekletin.

37. Meksika Kovboy Fasulyesi

Porsiyon: 6

İÇİNDEKİLER
- ½ lb Barbunya fasulyesi, kurutulmuş
- 1 Soğan, beyaz, iri
- 3 diş Sarımsak, ezilmiş
- 2 dal Kişniş
- ¼ su bardağı sebze suyu veya su
- 6 oz. (3/4 su bardağı) Vegan chorizo
- 2 Serrano chiles, kıyılmış
- 1 Domates, büyük, doğranmış

TALİMATLAR
h) Fasulyeleri bir gece önceden suda bekletin.
i) Ertesi gün süzün ve geniş bir tencereye alın. Tencereye ¾'ünü dolduracak kadar su dökün.
j) Soğanınızı ortadan ikiye kesin. Soğanın ½'sini, kişniş dallarını ve 3 diş sarımsağı fasulyelerle birlikte tencereye koyun. Soğanın diğer yarısını ayırın.
k) Suyu kaynama noktasına getirin ve fasulyelerin neredeyse yumuşayana kadar yaklaşık 1 ½ saat pişmesine izin verin.
l) Fasulyeler pişerken büyük bir sote tavasını orta-yüksek ısıya ısıtın. Chorizo ekleyin ve hafifçe kızarana kadar yaklaşık 4 dakika soteleyin. Chorizo pişirirken soğanın diğer yarısını da doğrayın.
m) Chorizo'yu tavadan çıkarın ve bir kenara koyun. Sote tavasına ¼ su bardağı su, doğranmış soğan ve Serrano biberlerini ekleyin. Soğan ve kırmızı biberleri yumuşayana ve yarı saydam olana kadar yaklaşık 4-5 dakika terleyin. Domatesi ekleyin ve 7-8 dakika daha veya domates parçalanıp tüm suyunu bırakana kadar pişirin.
n) Bu karışımı ve chorizo'yu fasulye tenceresine ekleyin ve 20 dakika daha veya fasulye tamamen yumuşayana kadar kaynamaya bırakın. Tuz ve karabiberle tatlandırın.
o) Servis yapmadan önce, yarım soğanı, kişniş dalını ve sarımsağı çekirdeklerden çıkarın. Tuz ve karabiber ile tatlandırın

38. Karayip Bayramı

İÇİNDEKİLER
JERK MEYVE
- Salamurada 3 kutu Young Jack Fruit, süzülmüş ve kurumuş, ardından küçük parçalara ayrılmış
- 1 yemek kaşığı Vita Coca Hindistan Cevizi Yağı
- 3 Taze Soğan, ince dilimlenmiş
- 3 Diş Sarımsak, kıyılmış
- 1/2 Scotch Bonnet Chili (ekstra baharatlı için tam 1 kullanın)
- Parmak büyüklüğünde parça zencefil, kıyılmış
- 1 Sarı Biber, çekirdekleri çıkarılmış ve küp şeklinde doğranmış
- 1 su bardağı/200g Siyah Fasulye, tenekeden. Süzüldü ve durulandı.
- 1 yemek kaşığı Tüm Baharat
- 2 çay kaşığı Öğütülmüş Tarçın
- 3 yemek kaşığı soya sosu
- 5 yemek kaşığı Domates Püresi
- 4 yemek kaşığı Hindistan cevizi şekeri
- 1 su bardağı/240ml Ananas Suyu
- suyu 1 misket limonu
- 1 yemek kaşığı Taze Kekik Yaprağı
- 2 çay kaşığı Deniz Tuzu
- 1 çay kaşığı Kırık Karabiber

PİRİNÇ & PEAS
- 1 Teneke Barbunya Fasulyesi, sıvı saklıdır
- 1 Teneke Hindistan Cevizi Sütü
- 3 yemek kaşığı Taze Kekik
- Tutam Deniz Tuzu ve Karabiber
- 1 ve 1/2 su bardağı/340g Uzun Taneli Pirinç, durulanmış
- Gerekirse sebze suyu.

KIZARMIŞ MUZ
- 2 Muz, soyulmuş ve cm diskler halinde kesilmiş
- 2 yemek kaşığı Vita Coca Hindistan Cevizi Yağı
- 2 yemek kaşığı Hindistan cevizi şekeri
- Tutam Tuz ve Biber

MANGO SALATA

- 1/2 Taze Mango, soyulmuş ve küp şeklinde doğranmış
- 1 çay kaşığı Taze Biber, ince kıyılmış
- Bir avuç taze kişniş
- Yarım Lime Suyu
- Taze Karışık Salata

TALİMATLAR

a) İlk önce orta ateşte büyük bir güveç kabı veya kızartma tavası yerleştirin. Hindistan cevizi yağını ve ardından soğan, sarımsak, zencefil, kırmızı biber ve sarı biberi ekleyin. Baharatları eklemeden ve 2 dakika daha pişirmeden önce karışımın 3 dakika yumuşamasına izin verin. Bir tutam baharat ekleyin.

b) Jackfruit'i tavaya ekleyin ve iyice karıştırın, karışımı 3-4 dakika pişirin.

c) Sonra hindistancevizi şekeri ve siyah fasulyeleri ekleyin. Karıştırmaya devam edin, ardından soya sosu, domates püresi ve ananas suyunu ekleyin. Isıyı kısın ve limon suyunu ve biraz doğranmış taze kekik yapraklarını ekleyin.

d) Kapağı açın ve jackfruit'in yaklaşık 12-15 dakika pişmesine izin verin.

e) Pirinç için, malzemeleri bir tencereye ekleyin ve kapağını kapatın. tavayı kısık ateşe koyun ve pirincin hafif ve kabarık olana kadar tüm sıvıyı emmesine izin verin. bu 10-12 dakika sürmelidir. pirinciniz pişmeden önce çok kurursa biraz su veya sebze suyu ekleyin.

f) sıradaki, muz. Yapışmaz bir tavayı orta ateşte önceden ısıtın ve hindistancevizi yağını ekleyin, sıcakken muz dilimlerini ekleyin ve karamelleşip altın rengi oluncaya kadar her iki tarafını 3-4 dakika pişirin. Hindistan cevizi şekeri, tuz ve karabiberle tatlandırın.

g) Basit salata için tüm malzemeleri küçük bir karıştırma kabında karıştırın.

h) her şeye birlikte hizmet edin, tadını çıkarın.

39. Jamaika Pisliği Nefesi ve Pilavlı Fasulye

Porsiyon:2

İÇİNDEKİLER

- 1 soğan
- 2 diş sarımsak
- 1 acı biber
- 2 asma domates
- 2 çay kaşığı Jamaika pisliği çeşnisi
- 400 gr konserve barbunya fasulyesi
- 400g teneke jackfruit
- 200ml hindistan cevizi sütü
- 150 gr beyaz uzun taneli pirinç
- 50g bebek yaprak ıspanak
- Deniz tuzu
- Taze kara biber
- 1 yemek kaşığı zeytinyağı
- 300ml kaynar su

TALİMATLAR

a) Soğanı soyup ince ince doğrayın. Sarımsakları soyun ve rendeleyin. Acı biberi ikiye bölün, daha az ısı için çekirdeklerini ve zarını çıkarın ve ince ince doğrayın. Domatesleri kabaca doğrayın.

b) 1 yemek kaşığı yağı büyük bir tavaya dökün ve orta ateşte ısıtın. Soğanları ve bir tutam tuz ve karabiberi koyun. 4-5 dakika, ara sıra karıştırarak, yumuşayıncaya ve hafif renk alana kadar kızartın. Sarımsak, kırmızı biber ve 2 çay kaşığı Jamaican pislik baharatını ilave edin ve 2 dakika daha kızartmaya devam edin.

c) Doğranmış domatesleri tavaya alın. Barbunya fasulyesini ve jackfruit'i boşaltın ve tavaya ekleyin. Hindistan cevizi sütünü dökün. İyice karıştırın ve kaynatın, ardından kısmen bir kapakla kapatın ve hafifçe 20 dakika pişirin. Pişirme süresi boyunca, nefesi parçalarını biraz kırmak için ara sıra bir tahta kaşık kullanın.

d) Pirinci bir elek içine alın ve soğuk su altında iyice durulayın. Küçük bir tencereye alın ve 300 ml kaynar su ve bir tutam tuz ekleyin. Bir kapağı açın ve kaynatın, ardından sağa çevirin ve tüm su emilene kadar 8 dakika çok hafifçe pişirin. Pirinci ocaktan alın ve üzeri kapalı olarak tencerede 10 dakika buharda pişmeye bırakın.

e) Ispanağı nefesi ve fasulyeleri solana kadar karıştırın. Sosun tadına bakın ve gerekirse daha fazla tuz ekleyin.

f) Pirinci birkaç derin kaseye koyun ve üzerine bol kepçe jackfruit köri koyun ve servis yapın.

40. Fasulye, Meyve ve Fındıklı Pirinç Pilavı

İÇİNDEKİLER
- 1 1/2 su bardağı uzun taneli pirinç
- 1 yemek kaşığı nötr bitkisel yağ
- 1 orta boy soğan, ince kıyılmış
- 1 ila 2 küçük taze acı biber, dilimlenmiş, isteğe bağlı
- 2/3 su bardağı kuru üzüm veya kuru kızılcık veya bunların bir kombinasyonu
- 1/3 su bardağı pişmiş barbunya fasulyesi
- 1/3 su bardağı ince doğranmış kuru kayısı
- 1/4 çay kaşığı zerdeçal
- 1/2 çay kaşığı tarçın
- 1/4 çay kaşığı öğütülmüş veya taze hindistan cevizi
- 1/2 çay kaşığı kuru fesleğen
- 1/4 su bardağı portakal suyu, tercihen taze
- 2 çay kaşığı agav nektarı
- Tatmak için 1 ila 2 yemek kaşığı limon veya limon suyu
- 1/2 su bardağı kızarmış kaju fıstığı (bütün veya doğranmış) veya dilimlenmiş badem
- Tat vermek için tuz ve taze çekilmiş karabiber

TALİMATLAR

a) Bir tencerede pirinci 4 su bardağı su ile birleştirin. Hafifçe kaynatın, ardından ısıyı azaltın, örtün ve 30 dakika veya su emilene kadar hafifçe pişirin.

b) Pirinç hazır olduğunda, yağı büyük bir tavada ısıtın. Orta ateşte pembeleşinceye kadar sotelenen soğanı ve isteğe bağlı pul biberi ekleyin.

c) Pirinci ve fındık, tuz ve karabiber hariç kalan tüm malzemeleri karıştırın. kısık ateşte sık sık karıştırarak yaklaşık 8 ila 10 dakika tatların karışmasını sağlayarak pişirin.

d) Fıstıkları ilave edip tuz ve karabiberle tatlandırıp servis yapın.

41. Fasulye ve pirinç cha cha cha kase

Porsiyon:6

İÇİNDEKİLER

- 2 yemek kaşığı zeytinyağı
- 2 Diş sarımsak, kıyılmış
- 1 bardak Dilimlenmiş soğan
- 1 su bardağı Soyulmuş, dilimlenmiş kereviz
- 1 su bardağı dilimlenmiş havuç
- 1 çay kaşığı pul biber
- ¼ su bardağı Konserve doğranmış yeşil biber
- 1 pound barbunya fasulyesi
- ¼ Soğan, kabaca dilimlenmiş
- 1 Yağ 263 Kalori
- 2 su bardağı dilimlenmiş mantar
- 2 bardak Pişmiş temel siyah fasulye
- ½ bardak Yedek fasulye suyu
- 2 yemek kaşığı Kıyılmış kişniş
- Tatmak için biber ve tuz
- 3 bardak Pişmiş uzun taneli pirinç
- 1 yemek kaşığı Limon suyu
- 2 çay kaşığı Tuz veya tadı

İÇİNDEKİLER

a) Büyük derin bir tencerede zeytinyağını ısıtın ve soğan yarı saydam olana kadar sarımsak, soğan, kereviz, havuç ve kırmızı biberi soteleyin.
b) Biberleri ve mantarları ekleyip 5 dakika daha soteleyin.
c) Fasulye, fasulye suyu ve kişniş ilave edin. Tatmak için mevsim.
d) Örtün ve ara sıra karıştırarak yaklaşık 10 dakika kısık ateşte pişirin.
e) Pirinç üzerine servis yapın.

42. Fasulyeli Şalgam Tavada Kızartma

Porsiyon: 2 kişi

İÇİNDEKİLER
- 1 yemek kaşığı zeytinyağı
- 2 mor şalgam - temizlenmiş, kesilmiş ve doğranmış
- 3 su bardağı ıspanak
- 1 15,5 ons barbunya fasulyesi - süzülmüş ve durulanmış
- 1 yemek kaşığı taze zencefil - ince kıyılmış
- 2 diş sarımsak - preslenmiş veya kıyılmış
- 1 yemek kaşığı bal
- 1 yemek kaşığı pirinç sirkesi
- 2 yemek kaşığı azaltılmış sodyum soya sosu
- 1 su bardağı uzun taneli pirinç - servis için pişmiş

TALİMATLAR
a) Yemek için pirinç veya tam tahıl hazırlamanız gerekiyorsa, tavada kızartma yapmadan önce buna başlayın.
b) Zeytinyağını büyük bir tavada orta ateşte ısıtın. Şalgamları ekleyin ve ara sıra karıştırarak/çevirerek 8-12 dakika veya hafifçe kızarana ve yumuşayana kadar pişirin.
c) Şalgamlar pişerken küçük bir kapta zencefil, sarımsak, bal, pirinç sirkesi ve soya sosunu çırpın. Tavaya ıspanak, fasulye ve sosu ekleyin. 4-6 dakika veya ıspanak soluncaya ve tavada kızartma iyice ısınana kadar pişirin.
d) Pirinç üzerine sıcak servis yapın.

43. Kuzu eti, dereotu ve fasulyeli pilav

Porsiyon: 8 porsiyon

İÇİNDEKİLER

- 2 yemek kaşığı Tereyağı
- 1 orta boy Soğan; soyulmuş ve 1/4 inç kalınlığında dilimler halinde kesilmiş
- 3 pound Kemiksiz kuzu omuz, küp
- 3 su bardağı Su
- 1 yemek kaşığı Tuz
- 2 bardak pişmemiş uzun taneli beyaz pirinç, ıslatılmış ve süzülmüş
- 4 su bardağı Dereotu, taze; ince kesilmiş
- 2 on ons. barbunya
- 8 yemek kaşığı Tereyağı; erimiş
- ¼ çay kaşığı Safran iplikleri; toz haline getirilir ve 1 yemek kaşığı içinde çözülür. ılık su

TALİMATLAR

a) Sıkıca kapanan bir kapakla 3 ila 4 litre ağır bir güveçte, 2 yemek kaşığı tereyağını orta ateşte eritin.

b) Köpük azalmaya başladığında soğanları ekleyin ve sık sık karıştırarak yaklaşık 10 dakika veya dilimler iyice kızarana kadar pişirin. Oluklu bir kaşıkla onları bir tabağa aktarın.

c) Kuzu küplerini bir seferde yarım düzine kadar, güveçte kalan yağda kızartın, maşa veya kaşıkla çevirin ve yanmadan derin ve eşit renk alacak şekilde ısıyı ayarlayın. Kızarınca kuzu küplerini soğanlarla birlikte tabağa alın.

d) 3 su bardağı suyu güvece dökün ve yüksek ateşte kaynatın, bu arada tavanın dibine ve kenarlarına yapışan kahverengi parçacıkları sıyırın. Kuzu ve soğanı güvece geri koyun, tuzu ekleyin ve ısıyı düşük seviyeye indirin.

e) Sıkıca kapatın ve yaklaşık 1 saat 15 dakika veya kuzu yumuşayana ve küçük, keskin bir bıçağın ucuyla delindiğinde direnç göstermeyene kadar pişirin. Kuzu eti, soğan ve tüm pişirme sıvısını büyük bir kaba aktarın ve güveci bir kenara koyun.

f) Fırını 350 dereceye ısıtın. 5 ila 6 litrelik bir tencerede 6 bardak suyu kaynatın. Yavaş, ince bir akışla pirinci dökün, böylece su kaynamayı bırakmaz. Bir-iki kez karıştırın, 5 dakika hızlıca kaynatın, ardından tavayı ocaktan alın, dereotu ve fasulyeyi ekleyip karıştırın ve ince bir süzgeçte süzün.

g) Pirinç karışımının yaklaşık yarısını güveçe koyun ve « bir fincan kuzu pişirme sıvısıyla nemlendirin. Daha sonra bir spatula veya kaşıkla pirinç karışımını tavanın kenarlarına yayın.

h) Oluklu bir kaşıkla kuzu eti ve soğanları güveçe geri koyun ve pirincin üzerine yayın.

i) Ardından kalan pirinç karışımını üstüne yayın. 2 yemek kaşığı eritilmiş tereyağı ile 6 yemek kaşığı kuzu et suyunu karıştırıp pilavın üzerine dökün. Güveci yüksek ateşte kaynama noktasına getirin.

j) Sıkıca kapatın ve fırının ortasında 30 ila 40 dakika veya fasulye yumuşayana ve pirinç güveçteki tüm sıvıyı emene kadar pişirin.

k) Servis etmek için, pirinç karışımından bir bardak kadarını küçük bir kaseye alın, çözünmüş safranı ekleyin ve pirinç parlak sarı olana kadar karıştırın.

l) Kalan pirincin yaklaşık yarısını ısıtılmış bir tabağa yayın ve üzerine kuzu koyun. Kuzuyu sade pirinç karışımının geri kalanıyla kaplayın ve safranlı pirinçle süsleyin. Kalan 6 yemek kaşığı eritilmiş tereyağını üzerine gezdirin.

44. Peynirli Pinto Fasulye

Porsiyon: 4

İÇİNDEKİLER

- 2 diş sarımsak
- 1 jalapeño
- 1 yemek kaşığı yemeklik yağ
- 2 15 oz. kutu barbunya fasulyesi
- 1/4 çay kaşığı füme kırmızı biber
- 1/4 çay kaşığı öğütülmüş kimyon
- 1/8 çay kaşığı taze çekilmiş karabiber
- 2 çizgi acı sos
- 1/2 su bardağı rendelenmiş çedar peyniri
- 2 porsiyon uzun taneli pirinç, pişmiş

TALİMATLAR

a) Sarımsağı kıyın ve jalapeño'yu ince ince doğrayın.
b) Bir tencereye sarımsak, jalapeño ve yemeklik yağ ekleyin. Sarımsağı ve jalapeño'yu orta ateşte yaklaşık bir dakika veya sarımsak çok kokulu olana kadar soteleyin.
c) Bir kutu barbunyayı, içindeki sıvıyla birlikte bir karıştırıcıya ekleyin ve pürüzsüz olana kadar püre haline getirin.
d) Püre haline getirilmiş fasulyeleri ve ikinci konserve fasulyeyi (süzülmüş) sarımsak ve jalapeño ile birlikte sos kabına ekleyin. Birleştirmek için karıştırın.
e) Fasulyeleri füme kırmızı biber, kimyon, karabiber ve acı sos ile baharatlayın. Birleştirmek için karıştırın, ardından ara sıra karıştırarak orta ateşte ısıtın.
f) Son olarak, rendelenmiş kaşarı ekleyin ve fasulyelerin içine pürüzsüz bir şekilde eriyene kadar karıştırın. Fasulyeleri tadın ve baharatı beğeninize göre ayarlayın. Pirinç üzerine veya en sevdiğiniz yemekle servis yapın.

45. Fesleğen pesto soslu pilav ve fasulye

Porsiyon:4 Porsiyon

İÇİNDEKİLER
- sebze pişirme spreyi
- 1 su bardağı Doğranmış soğan
- 1 su bardağı pişmemiş uzun taneli pirinç
- 13¾ ons Tuz eklenmemiş tavuk suyu, (1 kutu)
- 1 su bardağı doğranmış soyulmamış domates
- ¼ bardak Ticari pesto fesleğen sosu
- 16 ons barbunya fasulyesi

TALİMATLAR
a) Büyük bir tavayı pişirme spreyi ile kaplayın ve orta-yüksek ateşte sıcak olana kadar yerleştirin.
b) soğan ekleyin; 2 dakika soteleyin. Pirinç ve et suyu ekleyin; kaynatın.
c) Isıyı azaltın ve üstü açık olarak 15 dakika veya pirinç bitene ve sıvı emilene kadar pişirin.
d) Domates, pesto sosu ve fasulyeleri karıştırın; 2 dakika veya iyice ısınana kadar pişirin.

46. Siyah fasulye ve pilav ile göğüs biftek

Porsiyon: 6 porsiyon

İÇİNDEKİLER

- 1½ pound Kanat biftek
- 3 yemek kaşığı Bitkisel yağ
- 2 defne yaprağı
- 5 su bardağı et suyu
- 4 yemek kaşığı zeytinyağı
- 2 Soğan; kıyılmış
- 6 diş sarımsak; kıyılmış
- 1 yemek kaşığı Kuru kekik
- 1 yemek kaşığı Öğütülmüş kimyon
- 2 Domates; tohumlanmış, doğranmış
- Tuz; tatmak
- taze çekilmiş karabiber; tatmak
- barbunya
- Pişmiş beyaz pirinç
- 2 yemek kaşığı Bitkisel yağ
- 6 Yumurta

TALİMATLAR

a) Bifteği tuz ve karabiberle tatlandırın. Bitkisel yağı ağır büyük tavada yüksek ateşte ısıtın. Biftek ekleyin ve her tarafı kızarana kadar pişirin. Defne yaprağı ve stok ekleyin.

b) Isıyı azaltın ve biftek çok yumuşayana kadar yavaşça pişirin, ara sıra yaklaşık 2 saat çevirin.

c) Ateşten alın ve etin stokta soğumasına izin verin. Eti stoktan çıkarın ve parçalayın. 1 bardak pişirme sıvısı ayırın; kalan pişirme sıvısını başka bir kullanım için ayırın. Zeytinyağını ağır büyük tavada orta-yüksek ateşte ısıtın. Soğanı ekleyin ve altın rengi olana kadar soteleyin.

d) Sarımsak, kekik ve kimyonu ekleyip kokusu çıkana kadar soteleyin. Domatesleri ekleyin ve sıvının çoğu buharlaşana kadar pişirmeye devam edin.

e) Kıyılmış et ve 1 su bardağı ayrılmış pişirme sıvısı ekleyin. Tuz ve karabiberle tatlandırın. Sığır eti, pirinç ve fasulyeleri, pirinç ortada olacak şekilde dikdörtgen bir tabağa üç sıra halinde yerleştirin (Venezuela bayrağı gibi görünmelidir).

f) Orta ateşte ağır büyük tavada bitkisel yağı ısıtın. Yumurtaları tavaya kırın. Yumuşak bir şekilde ayarlanana kadar kızartın. Fasulye, et ve pilavın üzerine servis yapın.

47. Afrika Pirinç ve Fasulye

Porsiyon:6

İÇİNDEKİLER

- ½ su bardağı kırmızı / hurma / veya kanola yağı ½ ve ½ kullandım
- 2-3 diş kıyılmış sarımsak
- 1 orta boy doğranmış soğan
- 1 yemek kaşığı füme kırmızı biber
- 1 çay kaşığı kuru kekik
- ½ iskoç kapya biberi veya ½ çay kaşığı acı biber
- 4 adet doğranmış domates
- 2 su bardağı yıkanmış uzun taneli pirinç
- 2 su bardağı pişmiş fasulye siyah, kırmızı, börülce
- 4 1/2 - 5 su bardağı tavuk suyu veya su
- 1 yemek kaşığı tuz veya tatmak için daha fazla
- 1/4 su bardağı kerevit isteğe bağlı
- İsteğe göre 1 çay kaşığı tavuk bulyon

TALİMATLAR

a) Bir tencereyi yağ ile ısıtın. Ardından soğan, sarımsak, kekik, közlenmiş kırmızı biber ve acı biberi ekleyin, bir dakika kadar soteleyin, domatesleri ekleyin. Yaklaşık 5-7 dakika pişirin.

b) Tavaya pirinç ilave edin; yaklaşık 2 dakika karıştırmaya devam edin.

c) Sonra fasulyeleri, 4 1/2 su bardağı tavuk suyu/su ekleyin, kaynatın, ısıyı azaltın ve pirinç pişene kadar yaklaşık 18 dakika veya daha fazla pişirin. Tuz ve karabiber için ayarlayın. Herhangi bir yanığı önlemek için ara sıra karıştırmanız gerekir.

d) Tavuk, güveç veya sebze ile sıcak servis yapın

48. Tumbleweed, barbunya ve pirinç salatası

Porsiyon: 6 porsiyon

İÇİNDEKİLER

- ¾ bardak Kuru barbunya fasulyesi
- 1½ bardak Tumbleweed yeşillikleri veya kıvırcık hindiba veya rezene üstleri, iyice yıkanmış ve süzülmüş
- 1½ bardak Pişmiş beyaz uzun taneli pirinç
- ¾ su bardağı Ayçiçek yağı
- 3 yemek kaşığı Herb aromalı kırmızı şarap sirkesi
- 2 yemek kaşığı kıyılmış taze kişniş
- 2 küçük diş sarımsak, soyulmuş
- ¼ çay kaşığı Karabiber
- ⅛ çay kaşığı Tuz
- Garnitür için frenk soğanı çiçekleri

TALIMATLAR

a) Fasulyeleri bir gece önceden üzerini geçecek kadar suda bekletin. Sabah fasulyeleri süzün, soğuk akan su altında durulayın ve üzerini örtecek şekilde tatlı su ile bir tencereye koyun.

b) Yüksek ateşte kaynatın, ardından ısıyı azaltın ve çekirdekler yumuşayana ve kabukları ayrılmaya başlayana kadar birkaç saat pişirin.

c) Fasulyelerin kurumaması için gerektiğinde su ilave edin, yanmasını ve yapışmasını önlemek için ara sıra karıştırın. Ateşten alın, süzün ve soğumaya bırakın.

d) Bir kapta yeşillikleri, fasulyeleri ve pirinci birlikte atın. Üzerini örtüp buzdolabında en az 30 dakika soğutun.

e) Bir karıştırıcıda yağ, sirke, frenk soğanı, sarımsak, biber ve tuzu birleştirin. Frenk soğanı ve sarımsak iyice püre haline gelene kadar yüksek hızda karıştırın.

f) Sosu salatanın üzerine dökün, fırlatın ve frenk soğanı çiçekleri ile süsleyin.

49. Barbunya, Pirinç ve Sebze Salatası

Porsiyon: 4

İÇİNDEKİLER
- 2 su bardağı su
- 1 su bardağı pişmemiş uzun taneli pirinç
- 15 ons barbunya konservesi, durulanmış ve süzülmüş
- 1 kırmızı dolmalık biber
- 1 sarı dolmalık biber
- 5 yeşil soğan
- ¼ su bardağı zeytinyağı
- ¼ bardak elma sirkesi
- 1 yemek kaşığı Dijon hardalı
- 1 çay kaşığı öğütülmüş kimyon
- 1 büyük diş sarımsak
- ¾ çay kaşığı koşer tuzu
- ¼ çay kaşığı taze çekilmiş karabiber

TALİMATLAR

a) Orta boy bir tencereye 2 su bardağı su dökün. Bir kaynamaya getirin, ardından pişmemiş pirinci ekleyin, birleştirmek için karıştırın ve tekrar kaynatın. Tavayı örtün ve ısıyı mümkün olduğunca azaltın.

b) Kapağını açmadan 15 dakika pirinçler yumuşayıp suyunu çekene kadar pişirin.

c) Biberleri ince ince doğrayın. Yeşil soğanları ince ince dilimleyin. Sarımsağı ezin.

d) Büyük bir karıştırma kabında pişmiş pirinci, fasulyeleri, doğranmış kırmızı ve sarı biberleri ve yeşil soğanları birleştirin ve birleştirmek için fırlatın.

e) Küçük bir kapta veya ölçü kabında zeytinyağı, elma sirkesi, hardal, kimyon, sarımsak, tuz ve karabiberi birleştirin, iyice çırpın, ardından pirinç karışımının üzerine dökün.

f) Kaplamak için hafifçe atın, ardından hemen servis yapın veya 3 güne kadar buzdolabında saklayın.

50. Edamame ve Barbunya Salatası

SERVİS: 6

İÇİNDEKİLER
GİYSİ İÇİN
- 1/2 su bardağı elma sirkesi
- 1/4 su bardağı zeytinyağı
- 1 1/2 çay kaşığı kimyon
- 1 çay kaşığı taze kıyılmış sarımsak
- Tatmak için biber ve tuz

SALATA İÇİN
- 3 bardak pişmiş uzun taneli pirinç, soğutulmuş
- 2 su bardağı edamame fasulye
- 1 oz barbunya barbunya durulanır
- 3/4 fincan ince doğranmış kırmızı biber
- 3/4 su bardağı taze kişniş kabaca doğranmış
- Tatmak için biber ve tuz

TALIMATLAR
a) Bir çırpma teli ile bir kapta zeytinyağı, sirke, sarımsak ve kimyonu birleştirin. İyice karışana kadar çırpın, tadın ve tuz ve karabiberle tatlandırın. Kenara koyun.

b) Ayrı bir büyük kapta soğutulmuş pirinci, edamame fasulyesini, doğranmış biberi ve barbunyayı ekleyin.

c) Tuz ve karabiberle karıştırın ve baharatlayın. Doğranmış kişniş ekleyin.

d) Sosu servis yapmadan hemen önce eklemeyin. İlk başta yaklaşık yarısını ekleyin ve tadın. İsterseniz daha fazlasını ekleyin.

e) İyice karıştırın ve daha fazla kişniş yaprağı ile süslenmiş büyük bir kapta servis yapın.

51. Kıymalı pirinç ve fasulye salatası

Porsiyon:4

İÇİNDEKİLER
- 1¼ su bardağı Pişmiş Uzun taneli pirinç
- 1 su bardağı Pişmiş barbunya - durulanmış ve süzülmüş
- 2 yemek kaşığı Doğranmış ceviz - kavrulmuş
- 2 yemek kaşığı kıyılmış kırmızı dolmalık biber
- 2 yemek kaşığı kıyılmış kırmızı soğan
- 3 yemek kaşığı kıyılmış taze kişniş
- 3 yemek kaşığı yeşil biber, doğranmış
- ⅓ su bardağı Havuç - kıyılmış
- ⅓ su bardağı Brokoli çiçeği - kıyılmış
- ⅓ su bardağı Karnabahar çiçeği, Kıyılmış
- Tuz ve karabiber - taze Öğütülmüş
- 2 bardak Iceberg marul - kıyılmış
- 3 yemek kaşığı yağsız İtalyan salatası

TALIMATLAR
a) Barbunya fasulyesini kereviz sapı, havuç parçası ve rezene sapıyla süsleyerek pişirin. Durulayın, süzün, soğutun.

b) Servis yapmadan yaklaşık iki ila üç saat önce, soğutulmuş pirinç ve fasulyeleri büyük bir karıştırma kabında birleştirin. Bir havucu soyun ve 1 inçlik parçalar halinde kesin.

c) Bir mutfak robotunda 5 ila 6 brokoli çiçeği ve karnabahar çiçeği ile birlikte ince ince doğrayın. Kaseye ekleyin ve fırlatın.

d) Ceviz parçalarını kuru tavada orta ateşte yaklaşık 4 dakika kavurun. Ateşten alın. Soğumaya bırakın ve ardından salataya ekleyin.

e) Soğanı, kırmızı dolmalık biberi ve taze kişniş yapraklarını elinizle kıyın. Konserve biberleri doğrayın.

f) Salataya ekleyin ve iyice atın. Tadına bakın gerekliyse tuz ve biber ekleyin. İyi at.

g) 3 yemek kaşığı salata sosu ekleyin. Atmak. Sakin olmak. İnce kıyılmış marul yatağında servis yapın.

52. Fasulye ve Pirinç Çorbası

Porsiyon: 4

İÇİNDEKİLER
- 2 bardak tavuk, pişmiş ve kuşbaşı
- 1 su bardağı uzun taneli pirinç, pişmiş
- 2 15 onsluk konserve barbunya fasulyesi, süzülmüş
- 4 su bardağı tavuk suyu
- 2 yemek kaşığı Taco Baharat Karışımı
- 1 su bardağı domates sosu

Malzemeler:
- Rendelenmiş peynir
- Salsa
- Kıyılmış silantro
- Doğranmış soğan

TALIMATLAR
a) Tüm malzemeleri orta boy bir tencereye koyun. Nazikçe karıştır.
b) Orta ateşte pişirin, ara sıra karıştırarak yaklaşık 20 dakika pişirin.
c) Topingler ile servis yapın.

53. Chili con Carne

İÇİNDEKİLER

- Kıyma/kıyma 500g
- 1 Büyük soğan doğranmış
- 3 Diş Sarımsak
- 2400 gr doğranmış domates konservesi
- Domates püresini sıkın
- 1 çay kaşığı biber tozu (veya tadı)
- 1 çay kaşığı öğütülmüş kimyon
- bir tutam Worcester sosu
- Tuz ve karabiber serpin
- 1 adet doğranmış kırmızı biber
- 1 kutu süzülmüş barbunya fasulyesi 400 gr

TALIMATLAR

a) Kızgın bir tavada soğanı sıvı yağ ile neredeyse pembeleşinceye kadar kavurun ve ardından doğranmış sarımsakları ekleyin.

b) Kıymayı ekleyin ve kahverengi olana kadar karıştırın; istenirse fazla yağı boşaltın.

c) Tüm kuru baharatları ve baharatları ekleyin, ardından ısıyı azaltın ve doğranmış domatesleri ekleyin.

d) İyice karıştırın ve domates püresini ve Worcestershire sosunu ekleyin, ardından yaklaşık bir saat kaynamaya bırakın (aceleniz varsa daha az)

e) Doğranmış kırmızı biberi ekleyin ve 5 dakika kaynamaya devam edin, ardından süzülmüş barbunya konservesini ekleyin ve 5 dakika daha pişirin. Biber herhangi bir noktada kurursa biraz su ekleyin.

f) Pilav, ceket patates veya makarna ile servis yapın!

54. Vegan Pirinç Çorbası

Porsiyon: 4

İÇİNDEKİLER
- 4 büyük kereviz sapı
- 3 büyük havuç
- 1 orta boy beyaz soğan
- 1 çay kaşığı kuru kekik
- 1 çay kaşığı kuru maydanoz
- 1 çay kaşığı sarımsak tozu
- 1 çay kaşığı tuz
- 1/2 çay kaşığı öğütülmüş adaçayı
- 1 yemek kaşığı hindistancevizi aminosu
- 4 su bardağı sebze suyu
- 2 su bardağı su
- 2/3 su bardağı uzun taneli beyaz pirinç
- 1 canbeneklifasulye (15 oz. kutu)

TALİMATLAR
a) Sebzeleri lokma büyüklüğünde doğrayın veya doğrayın.
b) Büyük tencereyi ocağa alın ve orta ateşte açın. Tencerenin dibine avokado yağı veya zeytinyağı spreyi sıkın. Sebzeleri ekleyin.
c) Sebzeleri 3-4 dakika pişirin.
d) 3-4 dakika sonra baharatları, defne yaprağını ve hindistancevizi aminolarını ekleyin. Karıştırın ve 1-2 dakika daha pişirin.
e) Sebzeler pişerken pirinci iyice yıkayın.
f) 1/2 su bardağı sebze suyu ekleyin ve tencerenin altını/yanını kazıyarak dipteki kahverengi parçaları çıkarın.
g) Et suyunun geri kalanını, suyu ve pirinci tencereye ekleyin. Karıştırın ve örtün. Isıyı yüksek seviyeye getirin.
h) Çorba kaynayınca altını kısın ve 15 dakika pişirin.
i) Çorba pişerken fasulyeleri yıkayıp süzün. Ve onları çorbaya ekleyin.
j) Servis yapmadan hemen önce defne yapraklarını çıkarın. Sıcak servis yapın.

55. Fasulye ve pirinç burritoları

Porsiyon: 10 porsiyon

İÇİNDEKİLER

- 1 canile ilgilibarbunya
- 1 su bardağı uzun taneli pirinç; pişmiş
- ½ su bardağı Soğan; dondurulmuş, doğranmış
- ½ su bardağı biber; dondurulmuş, doğranmış
- ½ su bardağı Mısır; dondurulmuş
- Biber tozu; kısa çizgi
- Marul, doğranmış
- 1 demetile ilgiliTaze soğan; kıyılmış
- Kimyon; kısa çizgi
- Sarımsak tozu; kısa çizgi
- ¾ bardak Su
- Salsa, yağsız, düşük sodyum
- 10 Tortilla ekmeği, tam buğday
- 1 Domates; kıyılmış

TALIMATLAR

a) Dondurulmuş soğanları ve yeşil biberleri bir tavada birkaç yemek kaşığı suda soteleyin.

b) Fasulyeleri süzüp yıkayın ve bir tavaya koyun ve patates ezici ile ezin. Pişmiş pirinci, mısırı, baharatları ve suyu ekleyin. Suyun çoğu emilene kadar ara sıra karıştırarak 5 ila 10 dakika ısıtın.

c) Ekmeği önceden ısıtılmış bir tavada, ekmek kızartma makinesinde veya mikrodalgada hızlıca (sadece yumuşatmak için) ısıtın.

d) Her tortilin ortasına bir sıra fasulye karışımı koyun ve bir çay kaşığı salsa ve diğer soslardan dilediğinizi ekleyin.

e) Her iki taraftan ½ inç yukarı katlayın, üst kenarı içeri sokun ve bir börek haline getirin. İstenirse ilave salsa ile tepesinde hemen servis yapın.

56. Pirinç ve Fasulye Topları

Porsiyon: 6

İÇİNDEKİLER

- 1 1/2 su bardağı salsa
- 1 su bardağı pişmiş uzun taneli pirinç
- 2 orta boy roma (erik) domates, doğranmış
- 1 küçük dolmalık biber, 1/2-inç parçalar halinde kesin
- 1 kutu (15 ons) kimyonlu siyah fasulye, süzülmemiş
- 1 kutu (7 ons) bütün çekirdek mısır, süzülmüş
- 6 bahçe sebze aromalı un ekmeği, (8 inç çapında)
- 1 su bardağı rendelenmiş Meksika peynir karışımı (4 ons)

TALIMATLAR

a) Fırını 350 ° F'ye ısıtın. 1/2 bardak salsayı yağlanmamış dikdörtgen fırın tepsisine, 13x9x2 inç yayın.

b) Pirinç, domates, dolmalık biber, siyah fasulye ve mısırı karıştırın. Her tortillaya yaklaşık 1 su bardağı pirinç karışımı yayın; tortillayı yuvarlayın. Dikiş taraflarını fırın tepsisindeki salsa üzerine yerleştirin. Ekmeğin üzerine kalan 1 su bardağı salsa kaşığı. Peynir serpin.

c) Örtün ve 30 ila 35 dakika veya tamamen ısıtılana ve peynir eriyene kadar pişirin.

d) Daha fazla baharat için, süpermarkette bulunan yeni jalapeño veya kişniş aromalı tortillaları kullanın.

57. Pirinç unu Tortilla ile Fırında Barbunya Flautas

Porsiyon: 25 flauta

İÇİNDEKİLER
- 1/2 su bardağı kırmızı soğan
- 1/2 su bardağı beyaz soğan
- 2 yemek kaşığı avokado yağı
- 1 adet küp doğranmış büyük biber
- 2 su bardağı siyah fasulye
- 1,5 su bardağı nohut
- 1 konserve barbunya fasulyesi, süzülmüş ve durulanmış
- 1/4-1/2 fincan salsa verde
- 1 yemek kaşığı pul biber
- 1 yemek kaşığı sarımsak tozu
- 1 yemek kaşığı kimyon
- 1/8 çay kaşığı acı biber veya kırmızı biber
- 1/8 çay kaşığı kekik
- tuz, tatmak
- 2-3 yemek kaşığı kıyılmış taze kişniş
- En sevdiğiniz Meksika peynirlerinden 2-4 bardak rendelenmiş
- 25-30 küçük pirinç unu ekmeği

TALIMATLAR

a) Fırınınızı önceden 385 derece F'ye ısıtın.
b) Soğanı yumuşatmak için biraz yağda [yaklaşık 2 yemek kaşığı] soteleyin.
c) Daha sonra büyük bir kapta dolmalık biber, fasulye ve salsayı birleştirin.
d) Karışıma soğan ekleyin ve biber tozu, sarımsak tozu, kimyon, kişniş, tuz, kırmızı biber, kekik ile baharatlayın.
e) Daha sonra küçük bir yığın mısır tortillasını [4-5] nemli bir kağıt havluya sarın ve mikrodalgada 30 saniye yüksekte tutun. Ek bir 30 saniye ile takip edin.
f) Buharda pişirildikten sonra, tortillanın bir tarafına yağ püskürtün veya ovun ve tortillanın zıt [yağlanmamış] merkezi boyunca dikey olarak ince bir sebze dolgusu tabakası ekleyin.

Üzerine bir kat peynir [istediğiniz kadar çok veya az!] koyun ve tortillayı hafifçe yuvarlayın.

g) İpucu: Buğulanmış tortillalarınız doğal olarak istifte birbirinin etrafında kıvrılmaya başlayacaktır. Doğal olarak yuvarlanmak istedikleri için bu tam bir avantaj! Tortillalarınızı kağıt havludan çıkardığınızda yukarı bakacak şekilde yağlayın ve içe doğru kıvrılan tarafa dolguyu koyun. Viyola!

h) Her flauta'yı iki kürdan ile kapatın ve bir tel pişirme/soğutma rafına yerleştirin. Bir raf dolusu flauta elde edene kadar bu adımları tekrarlayın.

i) Onları folyo kaplı bir fırın tepsisine bir tel rafa yerleştirin. Tel ızgara flautaları yükseltir ve her iki tarafının da güzel ve çıtır olmasını sağlar.

j) Bitmiş ürüne bir tutam sarımsak tozu ve acı biber serpin.

k) Orta rafta 385F'de yaklaşık 15-18 dakika pişirin. En sonunda, ekmeği mükemmel bir şekilde altın rengi, çıtır çıtır bir kabuğa dönüştürmek için fırını bir dakikadan biraz daha kısa bir süre YÜKSEK olarak kavurmaya ayarlayın.

58. Fasulye ve pirinç burgerleri

Porsiyon: 4 porsiyon

İÇİNDEKİLER

- 1 bardak Pişmiş uzun taneli pirinç
- 1½ su bardağı Haşlanmış barbunya fasulyesi, ezilmiş
- ½ su bardağı Buğday unu (veya beyaz)
- 1 yemek kaşığı margarin veya tereyağ
- 1 orta boy Soğan - doğranmış
- 1 diş sarımsak - ezilmiş
- 1 yemek kaşığı Spike veya baharat tuzu
- 1 su bardağı Haşlanmış patates püresi
- ½ su bardağı mısır unu
- ½ su bardağı Kepek
- ½ su bardağı bulgur
- 1 küçük Biber - doğranmış
- 1 rendelenmiş havuç

TALİMATLAR

a) Yağlanmış ızgarayı veya elektrikli kızartma tavasını orta ateşte ısıtın.

b) Tüm Malzemeleri ekleyin ve iyice karıştırın. Bir 'hamburger' kıvamı arayın.

c) Her burger için ızgaraya veya kızartma tavasına yaklaşık 2 yemek kaşığı karışım dökün ve yağlanmış pankek çevirici ile düzleştirin.

d) Geleneksel burgerler gibi her bir tarafı bir kez çevirmek yerine birkaç kez çevirin, bu şekilde daha iyi bir dokuya sahip olurlar.

59. Kırmızı soslu pirinç ve fasulye enchiladas

Porsiyon: 12 Porsiyon

İÇİNDEKİLER

- 12 9 inç un ekmeği; yağsız
- **dolgu**
- 1 yemek kaşığı Kanola yağı
- 2 Soğan; kıyılmış
- 6 diş sarımsak; kıyılmış
- 16 ons Domates sosu
- 1 yemek kaşığı pul biber
- ½ çay kaşığı Kırmızı biber gevreği; ezilmiş
- 2 çay kaşığı Öğütülmüş kimyon
- 2 çay kaşığı Tuz
- 5 su bardağı Haşlanmış pirinç
- 3 kilo Haşlanmış fasulye
- Su; ihyaç olduğu gibi
- ⅔ su bardağı Çekirdeksiz siyah zeytin; kıyılmış
- 8 ons Keskin çedar peyniri; rendelenmiş
- ½ demet Kıyılmış kişniş yaprağı

TALIMATLAR

a) Büyük bir yapışmaz sote tavasında veya sos tavasında yağı ısıtın. Soğan ve sarımsağı ekleyin ve yumuşayana kadar pişirin. Domates sosu, pul biber, pul biber, kimyon ve tuzu ekleyin. Lezzetleri karıştırmak için yavaşça, üstü açık, 15 dakika pişirin.

b) Domatesli karışımın yarısını kasede pişen fasulyelere ekleyin. Karıştırmak için karıştırın. Pişmiş pirinci, domates karışımının kalan yarısına ekleyin.

c) Fırını 350F'ye ısıtın. Çok büyük) veya 2 küçük fırın tepsisini hafifçe yağlayın. Pişirme kabının altına ince bir tabaka Kırmızı Sos (yaklaşık 1-1 ½ bardak) koyun.

d) Dolguyu 12 parçaya bölerek, her tortillaya terbiyeli fasulye (yaklaşık ½ bardak), terbiyeli pirinç (yaklaşık ½ bardak), kıyılmış zeytin, peynir ve kişniş koyun.

e) Sıkıca rulo yapın ve bir fırın tepsisine tek kat halinde yerleştirin.

f) Kalan Kırmızı Sos ile doldurun. Parşömen veya mumlu kağıtla örtün ve folyo ile sıkıca kapatın. Önceden ısıtılmış fırında 60 dakika pişirin. Folyo ve kağıdı çıkarın, 2 oz serpin. ayrılmış peynir ve 15 dakika daha pişirin.

g) Taze Yeşil Salsa ile servis yapın.

60. Pirinç ve Fasulye Quesadillas

Porsiyon:4-6

İÇİNDEKİLER
- 1 çay kaşığı zeytinyağı-
- 1 su bardağı pişmiş uzun taneli pirinç
- 1 (15 oz) barbunya fasulyesi, süzülmüş ve durulanmış
- 1 çay kaşığı kimyon
- 1 çay kaşığı kırmızı biber
- 3/4 çay kaşığı sarımsak tozu
- 1/2 çay kaşığı soğan tozu
- 4–6 ekmeği
- Keskin Çedar Rendelenmiş peynir

TALİMATLAR
a) Büyük bir tavayı orta ateşte ısıtın ve zeytinyağı, pirinç, fasulye ve baharatları ekleyin. Tamamen ısınana kadar yaklaşık 3 dakika pişirin.

b) Tortillanızı bir kesme tahtası üzerine koyun ve yarısını küçük bir avuç dolusu peynir 1/4 – 1/3 fincan serpin ve ardından eşit miktarda pirinç ve fasulye karışımı ile üstüne serpin.

c) Tortillayı katlayın ve hafifçe yağlanmış bir tavaya yerleştirin. Quesadilla'yı peynir eriyene ve tortillanın her bir tarafı altın rengi kahverengi olana kadar bir kez çevirerek pişirin.

d) Dilimlemeden önce quesadillaları birkaç dakika soğumaya bırakın.

61. Perulu Tacu Tacu Kek

Porsiyon: 2-4 porsiyon

İÇİNDEKİLER
SALSA CRIOLLA İÇİN
- 1/2 küçük kırmızı soğan, ince dilimlenmiş
- 2 yemek kaşığı kıyılmış taze kişniş yaprağı
- 2 yemek kaşığı taze limon suyu
- 1/4 çay kaşığı aji Amarillo ezmesi
- 1/4 çay kaşığı koşer tuzu

TACU TACU İÇİN
- 3 yemek kaşığı üzüm çekirdeği veya aspir yağı
- 1/2 küçük kırmızı soğan, doğranmış
- 2 diş sarımsak, kıyılmış
- 1/2 çay kaşığı koşer tuzu, artı tatmak için daha fazlası
- 1 çay kaşığı aji Amarillo ezmesi
- 2 su bardağı pişmiş veya konserve barbunya fasulyesi, süzülmüş ve durulanmış
- 1 su bardağı soğuk pişmiş uzun taneli beyaz pirinç
- 1 yemek kaşığı kıyılmış taze düz yapraklı maydanoz yaprağı
- 1 yemek kaşığı kıyılmış taze kekik
- 1 misket limonu, dilimler halinde kesin

TALİMATLAR
a) Salsayı yapın: Orta boy bir kapta soğanı üzerini kapatacak kadar soğuk suyla birleştirin ve en az 10 dakika bekletin, sonra süzün. Kişniş, limon suyu, aji Amarillo ve tuz ile karıştırın

b) Tacu tacu yapın: 10 inçlik yapışmaz tavada orta-yüksek ateşte 1 çorba kaşığı yağı parıldayana kadar ısıtın. Soğanı ve sarımsağı ilave edin ve hafifçe kızarana kadar 5 ila 6 dakika karıştırarak pişirin. Tuz ve aji Amarillo'yu karıştırın ve karışımı bir mutfak robotunun kasesine kazıyın. Tavayı silin.

c) Mutfak robotuna 1 bardak fasulye ekleyin ve çoğunlukla pürüzsüz ama yine de iri taneli olana kadar kısa bir süre püre haline getirin. Karışımı büyük bir kaseye kazıyın.

d) Kalan 1 bardak fasulyeyi (bütün bırakılmış), pirinci, maydanozu ve kekiği kaseye ekleyin ve iyice birleştirmek için karıştırın. Tadına bakın ve gerekirse daha fazla tuz ekleyin.
e) Tavayı orta ateşe getirin ve 1 yemek kaşığı daha yağ dökün. Pirinç-fasulye karışımını ekleyin ve bir spatula kullanarak eşit şekilde dağıtın ve hafifçe paketleyin.
f) Altta derin bir şekilde kızarana kadar yaklaşık 7 dakika pişirin. Ateşten alın, tavanın üzerine bir tabağı (tercihen kenarsız) ters çevirin ve fasulye-pirinç kekini alt tarafı yukarı gelecek şekilde tabağa koymak için her ikisini de dikkatlice çevirin.
g) Tavayı tekrar orta ateşe getirin, kalan 1 çorba kaşığı yağı dökün ve keki tekrar tavaya kaydırın.
h) 7 dakika daha veya diğer tarafı iyice kızarana kadar pişirin, ardından tabağı ters çevirin ve pastayı tabağa almak için tavayı tekrar çevirin.
i) Salsa ile süsleyin ve limon dilimleri ile sıcak servis yapın.

62. Mantı ile Alkali Güveç Bezelye

Porsiyon: 4

İÇİNDEKİLER
- 1 su bardağı geceden ıslatılmış kuru barbunya fasulyesi
- 1 soğan, büyük
- 1 havuç, büyük
- 3 diş sarımsak
- 1 sap yeşil soğan
- 1 çay kaşığı kekik
- ½ çay kaşığı yenibahar, öğütülmüş
- 1 yemek kaşığı çok amaçlı baharat
- tatmak için biber ve tuz
- 1 scotch bone biber, bütün
- 1 bardak hindistan cevizi sütü
- 1 yemek kaşığı sıvı yağ, isteğe bağlı

GLUTENSİZ KÖFTELER
- 1½ yemek kaşığı. beyaz pirinç unu
- 1½ yemek kaşığı. Karabuğday unu
- 1 yemek kaşığı patates nişastası
- ½ yemek kaşığı tapyoka unu
- 1 yemek kaşığı badem unu
- ¼ çay kaşığı tuz
- 2 yemek kaşığı. su

TALİMATLAR

f) Islatılmış fasulyeleri süzün ve düdüklü tencereye alın. Fasulyelerin yaklaşık bir inç üzerinde tatlı su ile örtün. Örtün ve yaklaşık 20 ila 25 dakika pişirin.

g) Bu arada soğanı, sarımsağı, havucu ve taze soğanı doğrayın ve bir kaseye alın.

h) Başka bir kapta, köfte yapmak için tüm kuru malzemeleri birleştirin. Sert bir hamur oluşana kadar her dökmeden sonra karıştırarak yavaş yavaş su ekleyin.

i) Hamuru yaklaşık 8 ila 10 küçük parçaya bölün. Her bir parçayı avuçlarınızın arasında 3 inç uzunluğunda ipler şeklinde veya serçe parmağınızın büyüklüğünde yuvarlayın. Köfteleri bir tabağa alın.

j) Fasulyeler piştikten sonra, düdüklü tencereyi açmadan önce basıncı boşaltmasına izin verin. Yardımcı olması için tencereyi soğuk musluk suyunun altında çalıştırabilirsiniz.
k) Kapağı çıkarın ve doğranmış baharatları ve kalan baharatları ekleyin.
l) Hindistan cevizi sütünü, köfteleri ekleyin ve 10 dakika kısık ateşte pişirin.
m) Köfte ekleyin ve köfte tamamen pişene kadar 5 dakika daha pişirin. Güveç çok kalınsa, gerektiği kadar daha fazla su ekleyin.
n) Ateşten alın. Pilav ve buğulanmış sebzeler veya avokado ile servis yapın.

63. Kuru üzüm ve fındık ile fasulye ve sütlaç

Porsiyon: 18 Porsiyon

İÇİNDEKİLER
- 1½ su bardağı Pirinç; Uzun Tahıl
- 3/4 su bardağı Maş Fasulyesi; Bölmek
- 1/4 Bardak barbunya
- 1 su bardağı Tereyağı
- 2 bardak Süt
- 2½ bardak Kaynar Su
- 1½ su bardağı Esmer Şeker; paketlenmiş
- ¼ fincan Çekirdeksiz Kuru Üzüm; Karanlık
- ½ su bardağı Kaju; Kuru Kavrulmuş, Tuzsuz, Doğranmış

TALIMATLAR
a) Pirinci yıkayıp süzün.
b) Büyük bir tencerede 2 yemek kaşığı tereyağını ısıtın. Fasulyeleri ekleyin ve orta ateşte karıştırarak 3 dakika veya çok hafif bir renk alana kadar kızartın.
c) 2 bardak kaynar su ekleyin, karıştırın ve ısıyı azaltın ve kısmen kapalı olarak 15 dakika pişirin.
d) Pirinci ve ilave ½ su bardağı suyu ekleyin ve karıştırın. Sıvı emilene ve pirinç neredeyse yumuşayana kadar (15-20 dakika) kapağın altında kısık ateşte pişirin.
e) Sütü ekleyin, karışımı kaynatın ve yapışmayı önlemek için sık sık karıştırarak, ancak taneleri bütün tutmaya dikkat ederek koyulaşana ve pirinç pişene kadar (yaklaşık 15 dakika) pişirin.
f) Şeker, kakule ve kuru üzümü ekleyip 3 dakika daha pişirmeye devam edin. Kalan yağı bir seferde 2 yemek kaşığı ve kaju fıstığının çoğunu karıştırın (bazılarını süslemek için saklayın).
g) Servis etmeden önce pudingi üzeri kapalı olarak 15 dakika dinlendirin.
h) Ilık, oda sıcaklığında veya soğuk olarak ister tatlı olarak ister tek başına atıştırmalık olarak servis yapın.

KEREVİT HAŞLAMA

64. Karides yoğurt

Yapar: 4 SERVİS

İÇİNDEKİLER:
- ½ bardak tuzlu tereyağı
- ½ bardak çok amaçlı un
- 1 yemek kaşığı bitkisel yağ
- 1 büyük yeşil dolmalık biber, doğranmış
- ½ orta boy soğan, doğranmış
- 2 sap kereviz, doğranmış
- 3 diş sarımsak, kıyılmış
- 1 (14 ons) doğranmış domates olabilir
- 1 yemek kaşığı domates salçası
- 2 su bardağı tavuk suyu veya deniz ürünleri suyu
- 2 dal taze kekik, ayrıca süslemek için biraz daha
- 1½ çay kaşığı Creole baharatı
- 1 çay kaşığı Worcestershire sosu
- ½ çay kaşığı öğütülmüş karabiber
- ½ çay kaşığı kırmızı biber gevreği
- 2 kilo ham jumbo karides, soyulmuş ve kabuğu çıkarılmış
- 2 su bardağı pişmiş beyaz pirinç

TALİMATLAR:
a) Orta ateşte büyük bir tencerede tereyağını eritin. Tereyağı eridikten sonra unu ekleyin ve her şey iyice karışana kadar çırpın. Meyaneyi güzel, zengin bir kahverengi renge ulaşana kadar 10 ila 15 dakika pişirin, ancak yakmamaya dikkat edin!

b) Biber, soğan, kereviz ve sarımsak ekleyin. Sebzeler yumuşayana kadar 3 ila 5 dakika pişirin. Daha sonra küp küp doğranmış domatesleri ve salçayı ekleyin. Et suyunu yavaşça dökün ve taze kekiği atın. Her şey iyice birleşene kadar karıştırın, ardından Creole çeşnisi, Worcestershire sosu, karabiber ve pul biber serpin. Malzemeleri karıştırın ve orta-yüksek ateşte 5 dakika pişirin.

c) Yavaş yavaş karidesleri eklemeye başlayın ve karıştırın. Isıyı düşük seviyeye indirin ve 5 dakika daha pişirin. Kekik dallarını çıkarın. Kekik ile süsleyin ve sıcak pilav ile servis yapın.

65. Kerevit Haşlama

8–10 SERVİS YAPAR
İÇİNDEKİLER:
- 3/4 fincan tereyağı veya bitkisel yağ
- 3/4 su bardağı çok amaçlı un
- 1 büyük soğan, doğranmış
- 1 demet yeşil soğan, doğranmış, beyaz ve yeşil kısımları ayrılmış
- 1 yeşil dolmalık biber, doğranmış
- 3 kereviz sapı, doğranmış.
- 4 büyük diş sarımsak, kıyılmış
- 3 yemek kaşığı domates salçası
- 6 su bardağı deniz ürünleri suyu veya su
- ½ çay kaşığı kuru kekik
- 3 defne yaprağı
- 1 çay kaşığı Creole baharatı
- 1 çay kaşığı tuz
- 1 yemek kaşığı taze limon suyu
- Acı biber ve taze çekilmiş karabiber, tatmak için
- Yağlı 2-3 pound kerevit kuyrukları
- 3 yemek kaşığı kıyılmış düz yapraklı maydanoz
- Servis için pişmiş uzun taneli beyaz pirinç

TALİMATLAR:

a) Büyük, ağır bir tencerede tereyağını eritin veya yağı orta ateşte ısıtın. Unu ekleyin ve sürekli karıştırın. Tereyağı kullanıyorsanız, meyaneyi sarı veya altın rengine dönene kadar pişirin. Yağ kullanıyorsanız, meyane orta kahverengi olana kadar karıştırarak pişirmeye devam edin. Soğanları, yeşil soğanların beyaz kısımlarını, dolmalık biberleri, kerevizi ve sarımsağı ekleyin ve yarı saydam olana kadar karıştırarak soteleyin.

b) Domates salçası, et suyu veya su, kekik, defne yaprağı, Creole baharatı, tuz ve limon suyunu ekleyin, kırmızı biber ve karabiberle tatlandırın ve kaynatın. Isıyı azaltın, örtün ve ara sıra karıştırarak ve üstteki yağları sıyırarak 20 dakika pişirin. Kerevit, maydanoz ve yeşil soğan üstlerini ekleyin, kaynatın, ısıyı azaltın ve 10 dakika pişirin. Defne yapraklarını çıkarın.

c) Servis yapmaya hazır olduğunuzda hafifçe tekrar ısıtın ve pilavın üzerinde servis yapın.

irmik

66. İrmik ve Grillades

6 SERVİS YAPIYOR

1 (3 kiloluk) sığır eti veya dana yuvarlak biftek, yaklaşık 1/4 inç kalınlığa kadar dövülmüş
Tat vermek için tuz ve taze çekilmiş karabiber
1 fincan çok amaçlı un
¾ fincan bitkisel yağ, bölünmüş
1 büyük soğan, doğranmış
1 yeşil dolmalık biber, doğranmış
1 demet yeşil soğan, doğranmış, yeşil ve beyaz kısımları ayrılmış
3 diş sarımsak, kıyılmış
1 büyük domates, doğranmış
1 yemek kaşığı domates salçası
½ bardak kırmızı şarap
3 su bardağı su
1 çay kaşığı kırmızı şarap sirkesi
½ çay kaşığı kuru kekik
1 yemek kaşığı Worcestershire sosu
Tatlandırmak için tuz, taze çekilmiş karabiber ve Creole baharatı
3 yemek kaşığı kıyılmış düz yapraklı maydanoz
6 kişilik irmik, paketteki talimatlara göre pişirilir:

Sığır eti kabaca 2 × 3 inçlik parçalar halinde kesin. Her iki tarafı da tuz ve karabiberle bolca baharatlayın.

1/4 fincan yağı büyük, ağır bir tavada ısıtın ve unu sığ bir kaseye veya tabağa koyun. Her bir bifteği una bulayın, fazlasını silkeleyin ve her iki tarafını da kızartın. Eti kağıt havlulara aktarın.

Kalan yağı tavaya ekleyin ve soğanları, yeşil soğanların beyaz kısımlarını, dolmalık biberi ve sarımsağı yarı saydam olana kadar soteleyin. Domates, domates salçası, şarap, su, sirke, kekik, Worcestershire sosu ve eti ekleyin ve tuz, karabiber ve Creole baharatı ekleyin. kaynatın. Isıyı azaltın, örtün ve et yumuşayana kadar yaklaşık 1 ½ saat pişirin. Maydanoz ve yeşil soğan üstlerini ekleyin ve irmik üzerinde servis yapın.

67. Karides ve irmik

6 SERVİS YAPIYOR

İÇİNDEKİLER:

- 3 pound büyük karides (pound başına yaklaşık 15 ila 20), soyulmuş ve kabuğu çıkarılmış
- 5 yemek kaşığı tereyağı, bölünmüş
- 8 yeşil soğan, doğranmış
- 5 büyük diş sarımsak, kıyılmış
- 1 limonun kabuğu ve suyu
- 1/3 su bardağı sek beyaz şarap
- 1 yemek kaşığı Worcestershire sosu
- 1 çay kaşığı İtalyan baharatı
- Tatmak için taze çekilmiş karabiber
- ½ çay kaşığı artı 1/4 çay kaşığı tuz, bölünmüş
- 1 çay kaşığı Creole baharatı
- 2 yemek kaşığı kıyılmış düz yapraklı maydanoz
- 1 su bardağı hızlı irmik
- 4 1/4 su bardağı su
- 1/4 su bardağı taze rendelenmiş Parmesan

TALİMATLAR:

a) Orta ateşte büyük, ağır bir tavada 4 yemek kaşığı tereyağını eritin. Soğan ve sarımsağı ekleyin ve solana kadar soteleyin. Karidesleri ekleyin ve karıştırarak birkaç dakika pembeleşinceye kadar soteleyin. Limon kabuğu rendesi ve suyu, şarap, Worcestershire sosu, İtalyan baharatı, biber, Creole baharatı ve ½ çay kaşığı tuzu ekleyin ve yaklaşık 3 dakika pişirin. Karidesleri fazla pişirmeyin. Ateşten alın ve maydanoz serpin.

b) İrmikleri pişirmek için, büyük bir tencerede suyu kaynatın ve karıştırarak irmikleri sabit bir akışla ekleyin. Kalan tuzu ekleyin. Örtün, ısıyı düşük seviyeye indirin ve yaklaşık 10 dakika pişirin. Ateşten alın ve Parmesan ve kalan tereyağında karıştırın. Karidesleri irmik üzerinde tabaklarda veya kaselerde servis edin.

68. Karides, Andouille Sosis ve İrmik

Yapar: 4 Porsiyon

İÇİNDEKİLER

3 su bardağı su
2 çay kaşığı koşer tuzu
¾ fincan hızlı irmik
2 yemek kaşığı sızma zeytinyağı
½ pound andouille sosis, ikiye bölünmüş
½ inç kalınlığında dilimler
½ pound büyük çiğ karides, soyulmuş ve kabuğu çıkarılmış
1 çay kaşığı kıyılmış sarımsak
¼ bardak doğranmış yeşil soğan, artı garnitür için daha fazlası
2 çay kaşığı Cajun baharatı
½ çay kaşığı öğütülmüş karabiber
3 yemek kaşığı tuzlu tereyağı

TALİMATLAR

Orta boy bir tencerede yüksek ateşte su ve tuzu dökün. Sıvı kaynamaya başlar başlamaz, ısıyı hemen ortama çevirin. Sıvıyı karıştırın ve yavaş yavaş irmik serpin. İrmiklerin koyulaşana ve güzel ve kremsi hale gelene kadar (genellikle 30 ila 35 dakika) pişmesine izin verin ve sık sık karıştırdığınızdan emin olun.

İrmikler pişerken bir tava alın ve zeytinyağında gezdirin. Yağı orta-yüksek ateşte ısıtın, ardından andouille sosisini atın. 5 ila 7 dakika veya kızarana kadar pişirin, ardından karides, sarımsak ve yeşil soğanları atın. Cajun baharatını ve karabiberi serpin.

5 dakika daha pişirin, ardından altını kapatın. İrmikler koyulaşınca içine tereyağını ekleyin ve karıştırın.

İrmikleri tabağa alın, ardından sosis, karides ve soğanları üstüne ekleyin. Ekstra yeşil soğan ile süsleyin.

69. Kremalı Peynirli İrmik

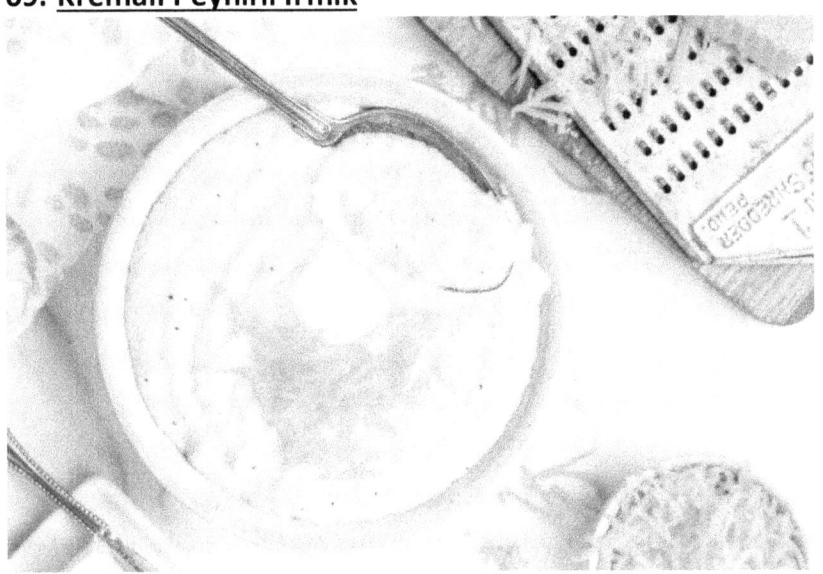

Yapar: 4 ila 6 Porsiyon

İÇİNDEKİLER

3 su bardağı su
½ fincan ağır krema
1 su bardağı hızlı irmik
4 yemek kaşığı tuzlu tereyağı
1 çay kaşığı koşer tuzu
½ çay kaşığı öğütülmüş karabiber
½ su bardağı rendelenmiş kremalı Havarti peyniri
½ su bardağı rendelenmiş keskin çedar peyniri

TALİMATLAR

Yüksek ateşte orta boy bir tencerede, suyu ve ağır kremayı dökün. Tam kaynama noktasına geldiğinde, irmik serpin ve çırpın. Isıyı orta seviyeye düşürün ve topaklanmayı önlemek için ara sıra karıştırarak 30 ila 35 dakika pişirin.

Tereyağını ekleyin ve tuz, karabiber ve peynir serpin. Her şey güzel, kremsi ve iyi kombine olana kadar karıştırın. Ocağı kapatın, ardından en sevdiğiniz kahvaltılıklarla servis yapın.

70. Homin sufle

Yapar: 8 porsiyon

İÇİNDEKİLER:
1 bardak Süt
1 su bardağı Su
½ fincan Hominy irmik
2 yemek kaşığı Tereyağı, eritilmiş
¾ çay kaşığı Tuz
3 Yumurta, ayrılmış, iyice çırpılmış

1. Süt ve suyu benmari usulü kaynatın.

2. Koyulaşana kadar karıştırarak hominy irmik ekleyin; 1 saat pişirin.

3. Soğuk; tereyağı, tuz ve yumurta sarısını ekleyin, iyice karıştırın.

4. Sertçe çırpılmış yumurta aklarını yavaşça ekleyin.

Karışımı iyice yağlanmış bir güvece dökün; önceden ısıtılmış 325'F'de pişirin. fırın 45 dakika.

71. Kurutulmuş domatesli keçi peynirli polenta

Yapar: 4 Porsiyon

İÇİNDEKİLER:
- 1 su bardağı Artı 2 yemek kaşığı sarı Mısır ezmesi
- 2 (14 1/2 ons) kutu yağsız Tavuk suyu
- 2 diş sarımsak, preslenmiş veya kıyılmış
- 6 ons Keçi peyniri, ufalanmış
- ½ su bardağı güneşte kurutulmuş domates, kibrit çöpü büyüklüğünde şeritler halinde kesilmiş

TALİMATLAR:

a) İrmik, tavuk suyu ve sarımsağı dar kapaklı büyük bir tencerede birleştirin.

b) Sık sık karıştırarak orta ateşte kaynatın.

c) Ateşi kısın ve ara sıra karıştırarak 20 dakika pişirin. Ateşten alın ve keçi peyniri ve güneşte kurutulmuş domatesleri karıştırın.

d) Yapışmaz pişirme spreyi ile bir fırın tepsisine püskürtün.

e) İrmik karışımını tabağa kaşıkla dökün ve eşit şekilde yayılması için ıslak ellerle bastırın.

f) Oda sıcaklığına soğutun ve soğutun.

g) İyice soğuduğunda, kesme tahtasına alın ve ordövr olarak hizmet etmesi için 64 kareye bölün.

KIZARTMA KAHVERENGİ

72. Klasik Güney Kızarmış Yayın Balığı

İçindekiler:

4-6 yayın balığı filetosu
1 fincan çok amaçlı un
1 çay kaşığı tuz
1/2 çay kaşığı karabiber
1/4 çay kaşığı acı biber
1/4 çay kaşığı sarımsak tozu
1/4 çay kaşığı soğan tozu
1/4 çay kaşığı kırmızı biber
1 su bardağı ayran
Bitkisel yağ, kızartmak için
Talimatlar:

Sığ bir kapta un, tuz, karabiber, kırmızı biber, sarımsak tozu, soğan tozu ve kırmızı biberi karıştırın.

Başka bir sığ kasede ayranı dökün.

Her yayın balığı filetosunu ayrana batırın, ardından un karışımına bulayın ve fazlalıkları silkeleyin.

Orta-yüksek ateşte büyük bir tavada yaklaşık 1 inç bitkisel yağı ısıtın.

Yayın balığı filetolarını porsiyonlar halinde kızarana ve her tarafı yaklaşık 3-4 dakika pişene kadar kızartın. Onları kağıt havluların üzerine boşaltın.

73. Cajun Kararmış Yayın Balığı

İçindekiler:

4-6 yayın balığı filetosu
1/4 su bardağı eritilmiş tereyağı
1 yemek kaşığı kırmızı biber
1 çay kaşığı sarımsak tozu
1 tatlı kaşığı soğan tozu
1 çay kaşığı tuz
1/2 çay kaşığı karabiber
1/2 çay kaşığı acı biber
Bitkisel yağ, kızartmak için
Talimatlar:

Küçük bir kapta kırmızı biber, sarımsak tozu, soğan tozu, tuz, karabiber ve acı biberi karıştırın.

Her yayın balığı filetosunu eritilmiş tereyağı ile fırçalayın, ardından her iki tarafını da baharat karışımıyla kaplayın.

Yüksek ateşte büyük bir tavada yaklaşık 1/4 inç bitkisel yağı ısıtın.

Yayın balığı filetolarını ekleyin ve kararana ve tamamen pişene kadar her bir tarafını yaklaşık 3-4 dakika pişirin.

74. Mısır Unu Kabuklu Kızarmış Yayın Balığı

İçindekiler:

4-6 yayın balığı filetosu
1/2 su bardağı çok amaçlı un
1/2 su bardağı sarı mısır unu
1 çay kaşığı tuz
1/2 çay kaşığı karabiber
1/2 çay kaşığı acı biber
1/4 çay kaşığı sarımsak tozu
1/4 çay kaşığı soğan tozu
1/4 çay kaşığı kırmızı biber
1 su bardağı ayran
Bitkisel yağ, kızartmak için
Talimatlar:

Sığ bir kapta un, mısır unu, tuz, karabiber, kırmızı biber, sarımsak tozu, soğan tozu ve kırmızı biberi karıştırın.

Başka bir sığ kasede ayranı dökün.

Her yayın balığı filetosunu ayrana batırın, ardından un karışımına bulayın ve fazlalıkları silkeleyin.

Orta-yüksek ateşte büyük bir tavada yaklaşık 1 inç bitkisel yağı ısıtın.

Yayın balığı filetolarını porsiyonlar halinde kızarana ve her tarafı yaklaşık 3-4 dakika pişene kadar kızartın. Onları kağıt havluların üzerine boşaltın.

75. Panko Kabuklu Kızarmış Yayın Balığı

İçindekiler:

4-6 yayın balığı filetosu
1 fincan çok amaçlı un
1 çay kaşığı tuz
1/2 çay kaşığı karabiber
1/4 çay kaşığı acı biber
1 su bardağı ayran
1 su bardağı panko galeta unu
Bitkisel yağ, kızartmak için
Talimatlar:

Sığ bir kapta un, tuz, karabiber ve acı biberi karıştırın.
Başka bir sığ kasede ayranı dökün.
3. Her yayın balığı filetosunu ayrana batırın, ardından un karışımına bulayın ve fazlalıkları silkeleyin.

Unlu filetoları panko ekmek kırıntılarına batırın ve yapışması için hafifçe bastırın.

Orta-yüksek ateşte büyük bir tavada yaklaşık 1 inç bitkisel yağı ısıtın.

Yayın balığı filetolarını porsiyonlar halinde kızarana ve her tarafı yaklaşık 3-4 dakika pişene kadar kızartın. Onları kağıt havluların üzerine boşaltın.

76. Limon-Biber Kızarmış Yayın Balığı

İçindekiler:

4-6 yayın balığı filetosu
1 fincan çok amaçlı un
1 çay kaşığı tuz
1 tatlı kaşığı limon biberi baharatı
1/2 çay kaşığı sarımsak tozu
1/2 çay kaşığı soğan tozu
1/2 çay kaşığı kırmızı biber
1 su bardağı ayran
Bitkisel yağ, kızartmak için
Talimatlar:

Sığ bir kapta un, tuz, limon biber çeşnisi, sarımsak tozu, soğan tozu ve kırmızı biberi karıştırın.

Başka bir sığ kasede ayranı dökün.

Her yayın balığı filetosunu ayrana batırın, ardından un karışımına bulayın ve fazlalıkları silkeleyin.

Orta-yüksek ateşte büyük bir tavada yaklaşık 1 inç bitkisel yağı ısıtın.

Yayın balığı filetolarını porsiyonlar halinde kızarana ve her tarafı yaklaşık 3-4 dakika pişene kadar kızartın. Onları kağıt havluların üzerine boşaltın.

77. Ayran ve Acı Sos Kızarmış Yayın Balığı

İçindekiler:

4-6 yayın balığı filetosu
1 fincan çok amaçlı un
1 çay kaşığı tuz
1/2 çay kaşığı karabiber
1/4 çay kaşığı acı biber
1/4 çay kaşığı sarımsak tozu
1/4 çay kaşığı soğan tozu
1/4 çay kaşığı kırmızı biber
1 su bardağı ayran
2 yemek kaşığı acı sos
Bitkisel yağ, kızartmak için
Talimatlar:

Sığ bir kapta un, tuz, karabiber, kırmızı biber, sarımsak tozu, soğan tozu ve kırmızı biberi karıştırın.
Başka bir sığ kaseye ayranı ve acı sosu dökün.
Her yayın balığı filetosunu ayran karışımına batırın, ardından un karışımına bulayın ve fazlalıkları silkeleyin.
Orta-yüksek ateşte büyük bir tavada yaklaşık 1 inç bitkisel yağı ısıtın.
Yayın balığı filetolarını porsiyonlar halinde kızarana ve her tarafı yaklaşık 3-4 dakika pişene kadar kızartın. Onları kağıt havluların üzerine boşaltın.

BUDİN TOPLARI

78. Klasik Boudin Topları

İçindekiler:

1 lb. domuz veya tavuk boudin
1/2 su bardağı çok amaçlı un
2 yumurta, çırpılmış
1 su bardağı galeta unu
Tatmak için tuz ve karabiber
Bitkisel yağ, kızartmak için
Talimatlar:

Fırını 350 ° F'ye ısıtın.

Boudin'i yaklaşık 1-2 inç çapında küçük toplar halinde yuvarlayın.

Topları una bulayın, ardından çırpılmış yumurtalara batırın ve kaplamak için ekmek kırıntılarında yuvarlayın.

Orta-yüksek ateşte büyük bir tavada yaklaşık 1 inç bitkisel yağı ısıtın.

Boudin toplarını altın rengi kahverengi olana ve çıtır çıtır olana kadar gruplar halinde yaklaşık 2-3 dakika kızartın. Onları kağıt havluların üzerine boşaltın.

Kızaran boudin toplarını bir fırın tepsisine aktarın ve önceden ısıtılmış fırında 5-10 dakika tamamen piştiğinden emin olun.

79. Baharatlı Boudin Topları

İçindekiler:

1 lb. domuz veya tavuk boudin
1 jalapeño biber, tohumlanmış ve ince kıyılmış
1/4 su bardağı kıyılmış yeşil soğan
1/4 su bardağı kıyılmış taze maydanoz
1/2 su bardağı çok amaçlı un
2 yumurta, çırpılmış
1 su bardağı terbiyeli galeta unu
Tatmak için tuz ve karabiber
Bitkisel yağ, kızartmak için
Talimatlar:

Büyük bir kapta boudin, jalapeno biberi, yeşil soğan ve maydanozu karıştırın.

Karışımı yaklaşık 1-2 inç çapında küçük toplar halinde yuvarlayın.

Topları una bulayın, ardından çırpılmış yumurtalara batırın ve kaplamak için baharatlı ekmek kırıntılarında yuvarlayın.

Orta-yüksek ateşte büyük bir tavada yaklaşık 1 inç bitkisel yağı ısıtın.

Boudin toplarını altın rengi kahverengi olana ve çıtır çıtır olana kadar gruplar halinde yaklaşık 2-3 dakika kızartın. Onları kağıt havluların üzerine boşaltın.

80. Peynir Dolgulu Boudin Topları

İçindekiler:

1 lb. domuz veya tavuk boudin
115 gram. krem peynir, yumuşatılmış
1/4 su bardağı rendelenmiş Parmesan peyniri
1/4 su bardağı kıyılmış yeşil soğan
1/2 su bardağı çok amaçlı un
2 yumurta, çırpılmış
1 su bardağı terbiyeli galeta unu
Tatmak için tuz ve karabiber
Bitkisel yağ, kızartmak için
Talimatlar:

Büyük bir kapta boudin, krem peynir, Parmesan peyniri ve yeşil soğanı karıştırın.

Karışımı yaklaşık 1-2 inç çapında küçük toplar halinde yuvarlayın.

Topları una bulayın, sonra hafifçe düzleştirin ve ortasına küçük bir küp peynir koyun. Tamamen örtmek için topları peynirin etrafında yuvarlayın.

Topları çırpılmış yumurtaya batırın ve üzerini kaplamak için terbiyeli ekmek kırıntılarında yuvarlayın.

Orta-yüksek ateşte büyük bir tavada yaklaşık 1 inç bitkisel yağı ısıtın.

Boudin toplarını altın rengi kahverengi olana ve çıtır çıtır olana kadar gruplar halinde yaklaşık 2-3 dakika kızartın. Onları kağıt havluların üzerine boşaltın.

81. Kerevit Boudin Topları

İçindekiler:

1 pound kerevit boudin
1/4 su bardağı kıyılmış yeşil soğan
1/4 su bardağı kıyılmış taze maydanoz
1/2 su bardağı çok amaçlı un
2 yumurta, çırpılmış
1 su bardağı terbiyeli galeta unu
Tatmak için tuz ve karabiber
Sebze yağı

Talimatlar:

Büyük bir kapta kerevit boudin, yeşil soğan ve maydanozu karıştırın.

Karışımı yaklaşık 1-2 inç çapında küçük toplar halinde yuvarlayın.

Topları una bulayın, ardından çırpılmış yumurtalara batırın ve kaplamak için baharatlı ekmek kırıntılarında yuvarlayın.

Orta-yüksek ateşte büyük bir tavada yaklaşık 1 inç bitkisel yağı ısıtın.

Kerevit boudin toplarını her partide yaklaşık 2-3 dakika altın rengi kahverengi ve çıtır çıtır olana kadar partiler halinde kızartın. Onları kağıt havluların üzerine boşaltın.

82. Füme Boudin Topları

İçindekiler:

1 pound füme boudin
1/4 su bardağı kıyılmış yeşil soğan
1/4 su bardağı kıyılmış taze maydanoz
1/2 su bardağı çok amaçlı un
2 yumurta, çırpılmış
1 su bardağı terbiyeli galeta unu
Tatmak için tuz ve karabiber
Bitkisel yağ, kızartmak için
Talimatlar:

Büyük bir kapta tütsülenmiş boudin, yeşil soğan ve maydanozu karıştırın.
Karışımı yaklaşık 1-2 inç çapında küçük toplar halinde yuvarlayın.
Topları una bulayın, ardından çırpılmış yumurtalara batırın ve kaplamak için baharatlı ekmek kırıntılarında yuvarlayın.
Orta-yüksek ateşte büyük bir tavada yaklaşık 1 inç bitkisel yağı ısıtın.
Tütsülenmiş boudin toplarını her partide yaklaşık 2-3 dakika kızarana ve çıtır çıtır olana kadar partiler halinde kızartın.
Onları kağıt havluların üzerine boşaltın.

PO' ERKEKLER

83. Karides Po' Boy

İçindekiler:

1 lb. orta boy karides, soyulmuş ve kabuğu çıkarılmış
1 su bardağı ayran
1 fincan çok amaçlı un
1 çay kaşığı. sarımsak tozu
1 çay kaşığı. kırmızı biber
1/2 çay kaşığı. kırmızı biber
Tatmak için tuz ve karabiber
Bitkisel yağ, kızartmak için
Fransız ekmek ruloları
Servis için marul, dilimlenmiş domates ve mayonez
Talimatlar:

Büyük bir kapta karides ve ayranı birleştirin ve karidesleri kaplamak için karıştırın. Kaseyi örtün ve 1 saat soğutun.

Sığ bir tabakta un, sarımsak tozu, kırmızı biber, acı biber, tuz ve karabiberi birleştirin ve birleştirmek için karıştırın.

Büyük bir tavada, orta-yüksek ateşte yaklaşık 1 inç bitkisel yağı ısıtın. Karidesleri unlu karışıma bulayın, fazlalıkları silkeleyin ve her partide yaklaşık 2-3 dakika altın rengi kahverengi ve çıtır çıtır olana kadar partiler halinde kızartın. Karidesleri kağıt havluların üzerine boşaltın.

Fransız ekmek rulolarını uzunlamasına ikiye bölün ve her iki tarafına da mayonez sürün. Marulu ve dilimlenmiş domatesleri ekleyin, ardından kızarmış karidesleri ekleyin. Sıcak servis yapın.

84. İstiridye Po' Boy

İçindekiler:

1 litre taze istiridye, kabuğu çıkarılmış
1 fincan çok amaçlı un
1 çay kaşığı. sarımsak tozu
1 çay kaşığı. kırmızı biber
1/2 çay kaşığı. kırmızı biber
Tatmak için tuz ve karabiber
Bitkisel yağ, kızartmak için
Fransız ekmek ruloları
Servis için marul, dilimlenmiş domates ve mayonez
Talimatlar:

Sığ bir tabakta un, sarımsak tozu, kırmızı biber, acı biber, tuz ve karabiberi birleştirin ve birleştirmek için karıştırın.

Büyük bir tavada, orta-yüksek ateşte yaklaşık 1 inç bitkisel yağı ısıtın. İstiridyeleri un karışımına bulayın, fazlalıkları silkeleyin ve her partide yaklaşık 2-3 dakika altın rengi kahverengi ve çıtır çıtır olana kadar partiler halinde kızartın. İstiridyeleri kağıt havluların üzerine boşaltın.

Fransız ekmek rulolarını uzunlamasına ikiye bölün ve her iki tarafına da mayonez sürün. Marulu ve dilimlenmiş domatesleri ekleyin, ardından kızarmış istiridyeleri ekleyin. Sıcak servis yapın.

85. Kızarmış Tavuk Po' Boy

İçindekiler:

2 kemiksiz, derisiz tavuk göğsü, ince şeritler halinde kesilmiş
1 fincan çok amaçlı un
1 çay kaşığı. kırmızı biber
1 çay kaşığı. sarımsak tozu
1/2 çay kaşığı. kırmızı biber
Tatmak için tuz ve karabiber
1/2 su bardağı ayran
Bitkisel yağ, kızartmak için
Fransız ekmek ruloları
Servis için marul, dilimlenmiş domates ve mayonez
Talimatlar:

Sığ bir tabakta un, kırmızı biber, sarımsak tozu, kırmızı biber, tuz ve karabiberi birleştirin ve birleştirmek için karıştırın.
Ayrı bir tabağa ayranı dökün.
Orta-yüksek ateşte büyük bir tavada yaklaşık 1 inç bitkisel yağı ısıtın.
Tavuk şeritlerini un karışımına bulayın, fazlalıkları silkeleyin ve ardından ayrana batırın. Kaplamak için tekrar un karışımına serpiştirin.
Tavuk şeritlerini kızgın yağda altın sarısı kahverengi ve çıtır çıtır olana kadar, her partide yaklaşık 3-4 dakika kızartın. Tavuğu kağıt havluların üzerine boşaltın.
Fransız ekmek rulolarını uzunlamasına ikiye bölün ve her iki tarafına da mayonez sürün. Marulu ve dilimlenmiş domatesleri ekleyin, ardından kızarmış tavuğu ekleyin. Sıcak servis yapın.

86. Yayın balığı Po' Boy

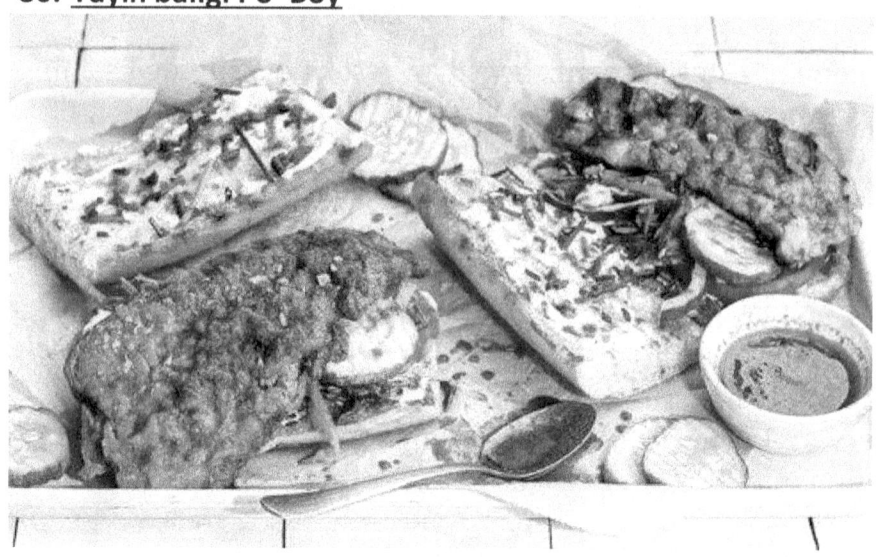

İçindekiler:

1 pound yayın balığı filetosu, şeritler halinde kesilmiş
1 su bardağı ayran
1 su bardağı mısır unu
1 çay kaşığı. sarımsak tozu
1 çay kaşığı. kırmızı biber
1/2 çay kaşığı. kırmızı biber
Tatmak için tuz ve karabiber
Bitkisel yağ, kızartmak için
Fransız ekmek ruloları
Servis için marul, dilimlenmiş domates ve mayonez

Talimatlar:

Büyük bir kapta yayın balığı ve ayranı birleştirin ve balığı kaplamak için karıştırın. Kaseyi örtün ve 1 saat soğutun.

Sığ bir tabakta mısır unu, sarımsak tozu, kırmızı biber, kırmızı biber, tuz ve karabiberi birleştirin ve birleştirmek için karıştırın.

Büyük bir tavada, orta-yüksek ateşte yaklaşık 1 inç bitkisel yağı ısıtın. Yayın balığını mısır unu karışımına bulayın, fazlalıkları silkeleyin ve her partide yaklaşık 2-3 dakika altın rengi kahverengi ve çıtır çıtır olana kadar partiler halinde kızartın. Yayın balığını kağıt havluların üzerine boşaltın.

Fransız ekmek rulolarını uzunlamasına ikiye bölün ve her iki tarafına da mayonez sürün. Marulu ve dilimlenmiş domatesleri ekleyin, ardından kızarmış yayın balığı ile doldurun. Sıcak servis yapın.

87. Kızarmış Sığır Po' Boy

İçindekiler:

1 pound şarküteri rosto, ince dilimlenmiş
1/2 su bardağı mayonez
2 yemek kaşığı. yabanturpu
2 yemek kaşığı. ketçap
1 yemek kaşığı. Worcestershire sos
Tatmak için tuz ve karabiber
Fransız ekmek ruloları
Servis için marul, dilimlenmiş domates ve turşu
Talimatlar:

Küçük bir kapta mayonez, yaban turpu, ketçap, Worcestershire sosu, tuz ve karabiberi birlikte çırpın.
Fransız ekmek rulolarını uzunlamasına ikiye bölün ve mayonezli karışımı her iki tarafına da yayın.
Rozbif, marul, dilimlenmiş domates ve turşuları ruloların üzerine ekleyin ve hemen servis yapın.

KIRMIZI MAHKEME BUİLON

88. Louisiana Redfish Courtbouillon

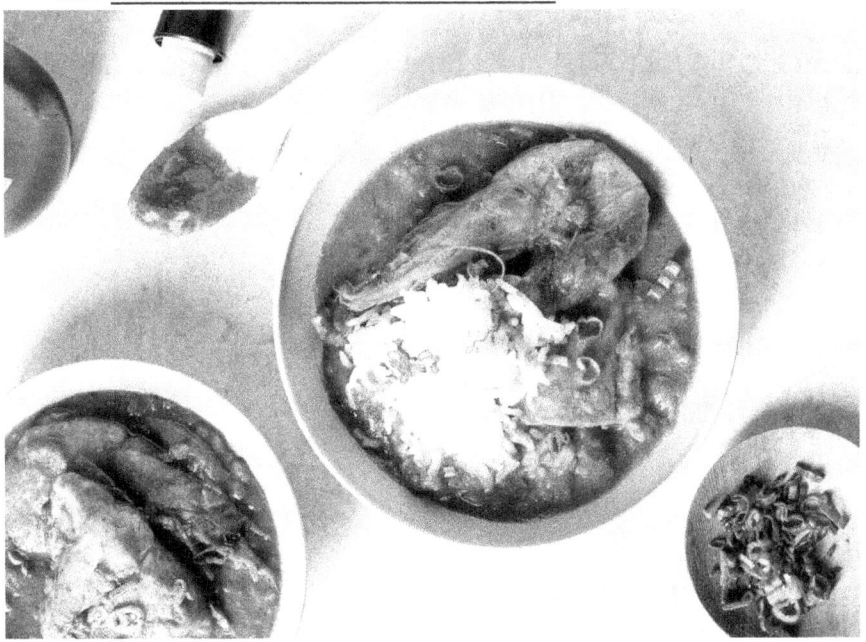

İçindekiler:

2 lb kırmızı balık filetosu, lokma büyüklüğünde parçalar halinde kesilmiş
2 yemek kaşığı. zeytin yağı
1 büyük soğan, doğranmış
1 büyük dolmalık biber, doğranmış
2 kereviz sapı, doğranmış
2 diş sarımsak, kıyılmış
1 (28 oz.) bütün domates, elle ezilmiş olabilir
1 (8 oz.) kutu domates sosu
2 defne yaprağı
1 çay kaşığı. kurutulmuş kekik
1 çay kaşığı. kurutulmuş kekik
1 çay kaşığı. kırmızı biber
1/2 çay kaşığı. kırmızı biber
Tatmak için tuz ve karabiber
Servis için sıcak pişmiş pirinç

Talimatlar:

Büyük bir Hollanda fırınında veya ağır bir tencerede zeytinyağını orta ateşte ısıtın. Soğan, dolmalık biber, kereviz ve sarımsağı ekleyin ve sebzeler yumuşayana kadar yaklaşık 5 dakika pişirin.

Ezilmiş domates, domates sosu, defne yaprağı, kekik, kekik, kırmızı biber, kırmızı biber, tuz ve karabiberi tencereye ekleyin. Karışımı bir kaynamaya getirin, ardından ısıyı düşük seviyeye indirin ve 30 dakika pişirin.

Kırmızı balığı tencereye ekleyin ve balık tamamen pişene ve bir çatalla kolayca pul pul dökülene kadar 10-15 dakika daha pişirin.

Bulyon suyunu sıcak pişmiş pilavın üzerine sıcak olarak servis edin.

89. Emeril Lagasse Redfish Courtbouillon

İçindekiler:

4 yemek kaşığı sebze yağı
2 lb kırmızı balık filetosu, lokma büyüklüğünde parçalar halinde kesilmiş
1 büyük soğan, doğranmış
1 büyük dolmalık biber, doğranmış
3 kereviz sapı, doğranmış
4 diş sarımsak, kıyılmış
1 (28 oz.) bütün domates, elle ezilmiş olabilir
2 defne yaprağı
1 çay kaşığı. kurutulmuş kekik
1 çay kaşığı. kurutulmuş kekik
1 çay kaşığı. kırmızı biber
1/4 çay kaşığı kırmızı biber
Tatmak için tuz ve karabiber
Servis için 4 su bardağı pişmiş beyaz pirinç
Talimatlar:

Büyük bir Hollanda fırınında veya ağır tencerede, bitkisel yağı orta-yüksek ateşte ısıtın. Kırmızı balığı ekleyin ve hafifçe kızarana kadar her iki tarafını 2-3 dakika pişirin. Balıkları tencereden çıkarın ve bir kenara koyun.
Tencereye soğan, dolmalık biber, kereviz ve sarımsağı ekleyin ve sebzeler yumuşayana kadar 5-7 dakika pişirin.

Ezilmiş domates, defne yaprağı, kekik, kekik, kırmızı biber, kırmızı biber, tuz ve karabiberi tencereye ekleyin. Karışımı kaynama noktasına getirin, ardından ısıyı en aza indirin ve 15-20 dakika pişirin.

Kırmızı balığı tencereye ekleyin ve balık tamamen pişene ve bir çatalla kolayca pul pul dökülene kadar 10-15 dakika daha pişirin.

Bulyon suyunu pişmiş beyaz pirincin üzerine sıcak olarak servis edin.

90. Kurtarıcı Redfish Courtbouillon

İçindekiler:

1/4 su bardağı bitkisel yağ
2 lb kırmızı balık filetosu, lokma büyüklüğünde parçalar halinde kesilmiş
1 büyük soğan, doğranmış
1 büyük dolmalık biber, doğranmış
2 kereviz sapı, doğranmış
2 diş sarımsak, kıyılmış
1 (14 oz.) doğranmış domates, süzülmüş olabilir
1 (8 oz.) kutu domates sosu
1 çay kaşığı. kırmızı biber
1/2 çay kaşığı. kırmızı biber
1 çay kaşığı. kurutulmuş kekik
1 çay kaşığı. kurutulmuş kekik
Tatmak için tuz ve karabiber
Servis için 4 su bardağı pişmiş beyaz pirinç
Talimatlar:

Büyük bir Hollanda fırınında veya ağır tencerede, bitkisel yağı orta-yüksek ateşte ısıtın. Kırmızı balığı ekleyin ve hafifçe kızarana kadar her iki tarafını 2-3 dakika pişirin. Balıkları tencereden çıkarın ve bir kenara koyun.
Tencereye soğan, dolmalık biber, kereviz ve sarımsağı ekleyin ve sebzeler yumuşayana kadar 5-7 dakika pişirin.
Tencereye küp doğranmış domates, salça, kırmızı biber, kırmızı biber, kekik, kekik, tuz ve karabiberi ekleyip karıştırın. Karışımı kaynama noktasına getirin, ardından ısıyı en aza indirin ve 15-20 dakika pişirin.
Kırmızı balığı tencereye ekleyin ve balık tamamen pişene ve bir çatalla kolayca pul pul dökülene kadar 10-15 dakika daha pişirin.
Bulyon suyunu pişmiş beyaz pirincin üzerine sıcak olarak servis edin.

BEİGNETLER

91. Grand Marnier beignetleri

İçindekiler

- 1 paket kuru maya
- 4 yemek kaşığı ılık su
- 3 ½ su bardağı un
- 1 çay kaşığı tuz
- ¼ su bardağı şeker
- 1 çay kaşığı portakal granülleri
- 1 ⅛ su bardağı süt
- 3 yumurta, çırpılmış
- ¼ fincan eritilmiş tereyağı
- ⅛ bardak Büyük Marnier
- 1 su bardağı pudra şekeri
- ¼ bardak limon suyu (isteğe bağlı)
- derin kızartma için yağ

Talimatlar

1. Küçük bir kapta mayayı ılık suda eritin. Kaseyi 15-20 dakika ılık bir yerde bekletin.
2. Yağı fritözde 375 ° F'ye ısıtın. Büyük bir karıştırma kabında un, tuz, şeker ve portakal granüllerini birleştirin ve düzgün karışmasını sağlamak için iyice karıştırın. Çözünmüş mayayı, sütü, yumurtaları, tereyağını ve likörü ekleyin. Pürüzsüz bir beignet hamuru oluşana kadar karıştırmaya devam edin. Hamuru orta boy metal bir kaseye koyun, üzerini nemli bir havluyla örtün ve bir saat kadar mayalanmaya bırakın.
3. Hamuru iyi unlanmış bir yüzeye çıkarın ve yaklaşık 1/4 inç kalınlığa kadar yuvarlayın. 2 "x 3" dikdörtgen şekillerde kesin ve hafifçe unlanmış bir tavaya geri koyun. Tavayı bir havluyla örtün ve hamurun 35 ila 45 dakika yükselmesine izin verin.

4. Kare kareleri kızgın yağda bir kez çevirerek altın sarısı bir renk alana kadar yaklaşık 3-4 dakika kızartın. Oluklu bir kaşıkla veya sepet süzgeçle yağdan çıkarın.
Beignets'i bir kağıt havlu üzerinde boşaltın ve ardından pudra şekeri ile cömertçe tozlayın. Ayrıca taze limon suyu serpebilirsiniz.
5. Hindiba kahvesi veya diğer güçlü karışımlarla sıcak servis yapın.
6. 8-10 kişilik

92. Tarçınlı şekerli pancar

YAKLAŞIK 28 BEIGNET YAPAR

350ml ılık su

170ml buharlaştırılmış süt
2 yumurta
50g tereyağı, yumuşatılmış
900 gr sade un
100 gr pudra şekeri

1 çay kaşığı hızlı etkili maya, bir tutam tuz, yağlamak için bitkisel yağ 100g pudra şekeri

1 çay kaşığı öğütülmüş tarçın veya tadı

Suyu, buharlaştırılmış sütü, yumurtaları ve tereyağını bir yiyecek mikserinin kasesine koyun ve birleşene kadar kürek ataşmanı ile hafifçe çırpın. Un, şeker, maya ve tuzu ekleyin ve iyice karışana kadar hafifçe çırpmaya devam edin. Hızı artırın ve pürüzsüz, yapışkan bir hamur elde edene kadar 3-4 dakika daha çırpın. Bu hamur ıslak ve yapışkan bir hamur olduğundan ve mikserle çok daha kolay yapıldığından elle yapmanızı tavsiye etmem.

Büyük bir kaseyi hafifçe yağlayın ve hamuru içine kazıyın, her tarafı ince bir yağ tabakası olacak şekilde bir veya iki kez çevirin. Kâsenin üzerini streç filmle kapatın (bu kadar yükselirse yağlı yüzey yapışmasını engelleyecektir) ve tezgahta 3-4 saat mayalanmaya bırakın; boyutunu iki katına çıkarmalıdır. Hamuru bir gece buzdolabında da dinlendirebilirsiniz.

Pudra şekerini bir kaseye eleyin ve tarçınla karıştırın. Kenara koyun.

Hamur topunu hafifçe yağlanmış bir tezgah üzerine alın ve dörde bölün. Her parçayı yaklaşık 3 cm çapında bir sosis şeklinde yuvarlayın ve çapraz olarak 2-3 cm'lik dilimler halinde kesin -

her çeyrekten yaklaşık 7 beignet almalısınız. Bir partiyi dondurmak istiyorsanız, başlangıçta dondurmak için bir fırın tepsisine koyun, ardından bir torbaya veya küvete koyun ve yemek istediğinize kadar dondurucuda bırakın (buzunu çözmeye gerek kalmadan donmuş halden pişerler).

Yağı fritözde 180°C/350°F'ye ısıtın. Her seferinde yaklaşık 4 veya 5 beignet ekleyin ve 4 dakika derin altın rengi olana kadar kızartın, diğer tarafını da pişirmek için bir çatalla yarıya kadar dikkatlice çevirin. Dondurulmuş pişirme yapıyorsanız, pişirme süresine fazladan bir veya iki dakika ekleyin. Tarçın aromalı pudra şekerini atmadan ve bir tabağa koymadan önce mutfak kağıdı üzerinde birkaç dakika süzün. Kalan pancarlarla tekrarlayın. Hala sıcakken hemen servis yapın.

LAGNIAPPE

93. Lagniappe

6–8 SERVİS YAPAR

İÇİNDEKİLER:

- 2 pound kemiksiz, kesilmiş timsah, 1 inçlik parçalar halinde kesilmiş
- Tat vermek için tuz ve taze çekilmiş karabiber
- 2 yemek kaşığı artı ½ fincan bitkisel yağ, bölünmüş
- 3/4 su bardağı çok amaçlı un
- 1 büyük soğan, doğranmış
- 1 demet yeşil soğan, doğranmış, beyaz ve yeşil kısımları ayrılmış
- 1 yeşil dolmalık biber, doğranmış
- 2 kereviz sapı, doğranmış
- 4 diş sarımsak, kıyılmış
- Mevsiminde 2 büyük taze domates, soyulmuş ve doğranmış veya 1 (14 ons) kutu doğranmış erik domates
- 1 (10 ons) kutu orijinal Ro-tel domates
- 1 limon suyu
- 2 yemek kaşığı Worcestershire sosu
- 1 çay kaşığı tuz
- ½ çay kaşığı taze çekilmiş karabiber
- 1/4 çay kaşığı acı biber
- 2 defne yaprağı
- 2 su bardağı et suyu
- 1/3 su bardağı kıyılmış düz yapraklı maydanoz
- Servis için pişmiş uzun taneli beyaz pirinç

TALİMATLAR:

a) Timsahı tuz ve karabiberle tatlandırın. 2 yemek kaşığı yağı büyük bir tavada ısıtın, timsah parçalarını ekleyin ve her tarafını kızartın. Et kahverengileşmeyecek. Timsahı çıkarın ve bir kenara koyun. Tavayı daha sonra cilalamak için saklayın.

b) Kalan yağı büyük, ağır bir tencerede orta-yüksek ateşte ısıtın; unu ekleyin ve meyane kahverengileşene kadar sürekli karıştırın. Isıyı orta seviyeye düşürün ve meyane kırmızımsı kahverengi bir renge dönene kadar sürekli karıştırarak pişirin. Hemen soğanı, yeşil soğanın beyaz kısımlarını, dolmalık biberleri ve kereviziekleyin ve orta-kısık ateşte yarı saydam olana kadar soteleyin. Sarımsağı ekleyin ve bir dakika daha soteleyin. Timsahı tencereye geri koyun.

c) Bu arada, soğuması için tavadaki stoktan biraz yüksek ateşte ısıtın. Tencerenin dibindeki kahverengi parçaları kazıdığınızdan emin olarak sıvıyı karıştırın ve bunu tencereye ekleyin.

d) Maydanoz hariç diğer malzemeleri tencereye ekleyin. Örtün ve ara sıra karıştırarak, et yumuşayana kadar yaklaşık 30 dakika kısık ateşte pişirin. Baharatları ayarlayın, yeşil soğan başlarını ve maydanozu ekleyin ve defne yapraklarını çıkarın. Sıcak pilavın üzerine servis yapın.

94. calas

30 KALAS OLUR

İÇİNDEKİLER:
- ½ bardak çok amaçlı un
- 2 ½ çay kaşığı kabartma tozu
- 1/3 su bardağı şeker
- ½ çay kaşığı tuz
- ½ çay kaşığı taze rendelenmiş hindistan cevizi
- 3 yumurta
- 1 çay kaşığı vanilya
- 2 su bardağı pişmiş uzun taneli beyaz pirinç
- Derin kızartma için bitkisel yağ
- Üzerine serpmek için pudra şekeri

TALİMATLAR:
a) Büyük bir kapta un, kabartma tozu, şeker, tuz ve hindistan cevizini birlikte çırpın. Yumurtaları ve vanilyayı ekleyin ve iyice karıştırın. Pirinci karıştırın.
b) Büyük bir kızartma tavasında veya fritözde yağı 360°'ye ısıtın. Karışımı çay kaşığı dolusu parçalar halinde sıcak yağa dikkatlice dökün. Hamuru sık sık çevirerek kızarana kadar kızartın ve kağıt havluların üzerine alın.
c) Üzerine pudra şekeri serpip sıcak servis yapın.

95. Mısır Maque Choux

8 SERVİS YAPIYOR

İÇİNDEKİLER:
- 6-8 kulak sarı mısır
- 2 yemek kaşığı tereyağı
- 1 yeşil dolmalık biber, doğranmış
- 1 orta boy soğan, doğranmış
- 1 büyük domates, doğranmış
- 2 diş sarımsak, kıyılmış
- 3/4 su bardağı su
- Bir tutam acı biber
- 1 çay kaşığı şeker
- Tat vermek için tuz ve taze çekilmiş karabiber

TALİMATLAR:
a) Durulayın ve ipeğin mısırlarını temizleyin. Geniş bir kase üzerinde çok keskin bir bıçak kullanarak çekirdekleri yarıya kadar kesin. Çekirdeklerin kalan kısmından suyu sıyırmak için bir sofra bıçağı kullanın. Kenara koyun.

b) Büyük, ağır bir tavada veya orta boy bir tencerede tereyağını ısıtın ve dolmalık biberi ve soğanı yarı saydam olana kadar soteleyin. Domates ve sarımsağı ekleyip orta ateşte 5 dakika pişirin. Su, mısır, acı biber ve şekeri ekleyin ve tuz ve karabiber ekleyin. Bir kaynamaya getirin, ısıyı düşük seviyeye indirin, örtün ve mısır bitene kadar yaklaşık 30 dakika pişirin. Baharatları tadın ve ayarlayın.

96. Kerevit Bisküvi

4 SERVİS YAPILIR

İÇİNDEKİLER:

- 3 yemek kaşığı artı ½ fincan bitkisel yağ, bölünmüş
- 2 pound taze kerevit kuyrukları, çözülmüş, bölünmüş
- 1 soğan, doğranmış ve bölünmüş
- 1 demet yeşil soğan, doğranmış ve bölünmüş
- 1 yeşil dolmalık biber, doğranmış ve bölünmüş
- 3 diş sarımsak, kıyılmış ve bölünmüş
- 3/4 çay kaşığı tuz, bölünmüş
- 3/4 çay kaşığı taze çekilmiş karabiber, bölünmüş
- 3/4 çay kaşığı Creole baharatı, bölünmüş
- 2 su bardağı galeta unu 1 yumurta, çırpılmış
- 2/3 su bardağı artı ½ su bardağı çok amaçlı un, bölünmüş
- 5 su bardağı balık suyu veya su
- 2 yemek kaşığı domates salçası
- Acı biberi çimdikleyin veya tadına bakın
- 2 su bardağı pişmiş uzun taneli beyaz pirinç
- 2 yemek kaşığı kıyılmış düz yapraklı maydanoz

TALİMATLAR:

a) Fırını 350°'ye ısıtın. Yapışmaz pişirme spreyi ile büyük bir fırın tepsisine püskürtün ve bir kenara koyun.

b) 3 yemek kaşığı yağı büyük bir tavada ısıtın ve soğanların yarısını, yeşil soğanı, dolmalık biberi ve sarımsağı soteleyin. 1 pound kerevit ekleyin ve 5 dakika soteleyin. Karışımı bir mutfak robotuna alın ve kıyma kıvamına gelene kadar öğütün. Karışımı bir kaseye aktarın ve 1/4 çay kaşığı tuz, 1/4 çay kaşığı biber, 1/4 çay kaşığı Creole çeşnisi, galeta unu ve yumurtayı ekleyip iyice karıştırın.

c) 2/3 su bardağı unu sığ bir pişirme kabına koyun. Karışımı 1 inçlik toplara yuvarlayın. Topları un içinde yuvarlayın ve fırın tepsisine yerleştirin. Topları birkaç kez çevirerek, hafifçe kızarana kadar yaklaşık 35 dakika pişirin. Kenara koyun.

d) Kalan yağı orta, ağır bir tencerede orta-yüksek ateşte ısıtın. Kalan unu fıstık ezmesi rengine dönene kadar sürekli karıştırarak ekleyin.

Kalan soğan, dolmalık biber ve sarımsağı ekleyin ve yarı saydam olana kadar pişirin. Et suyu veya su, salça, kalan tuz, karabiber ve Creole çeşnisini ve acı biberi ekleyin ve üstü kapalı olarak 15 dakika pişirin.

e) Kalan kerevitlerin kuyruklarını kıyıp bisküviye ekleyin ve 15 dakika pişirmeye devam edin. Pürüzsüz bir bisküvi için el blenderi ile püre haline getirin. Kerevit toplarını ekleyin ve 5 dakika daha pişirin.

f) Pirinç üzerine kaselerde servis yapın. Maydanoz serpin.

97. Kerevit Haşlama

8–10 SERVİS YAPAR

İÇİNDEKİLER:

- 3/4 fincan tereyağı veya bitkisel yağ
- 3/4 su bardağı çok amaçlı un
- 1 büyük soğan, doğranmış
- 1 demet yeşil soğan, doğranmış, beyaz ve yeşil kısımları ayrılmış
- 1 yeşil dolmalık biber, doğranmış
- 3 kereviz sapı, doğranmış.
- 4 büyük diş sarımsak, kıyılmış
- 3 yemek kaşığı domates salçası
- 6 su bardağı deniz ürünleri suyu veya su
- ½ çay kaşığı kuru kekik
- 3 defne yaprağı
- 1 çay kaşığı Creole baharatı
- 1 çay kaşığı tuz
- 1 yemek kaşığı taze limon suyu
- Acı biber ve taze çekilmiş karabiber, tatmak için
- Yağlı 2-3 pound kerevit kuyrukları
- 3 yemek kaşığı kıyılmış düz yapraklı maydanoz
- Servis için pişmiş uzun taneli beyaz pirinç

TALİMATLAR:

d) Büyük, ağır bir tencerede tereyağını eritin veya yağı orta ateşte ısıtın. Unu ekleyin ve sürekli karıştırın. Tereyağı kullanıyorsanız, meyaneyi sarı veya altın rengine dönene kadar pişirin. Yağ kullanıyorsanız, meyane orta kahverengi olana kadar karıştırarak pişirmeye devam edin. Soğanları, yeşil soğanların beyaz kısımlarını, dolmalık biberleri, kerevizi ve sarımsağı ekleyin ve yarı saydam olana kadar karıştırarak soteleyin.

e) Domates salçası, et suyu veya su, kekik, defne yaprağı, Creole baharatı, tuz ve limon suyunu ekleyin, kırmızı biber ve karabiberle tatlandırın ve kaynatın. Isıyı azaltın, örtün ve ara sıra karıştırarak ve üstteki yağları sıyırarak 20 dakika pişirin. Kerevit, maydanoz ve yeşil soğan üstlerini ekleyin, kaynatın, ısıyı azaltın ve 10 dakika pişirin. Defne yapraklarını çıkarın.

f) Servis yapmaya hazır olduğunuzda hafifçe tekrar ısıtın ve pilavın üzerinde servis yapın.

98. Kerevit Turtaları

5 (5 İNÇ) BİREYSEL PIES YAPAR

İÇİNDEKİLER:

- Dört adet 9 inçlik turta için yeterli hamur (mağazadan satın alınabilir)
- Yağlı 2 kilo kerevit kuyrukları, bölünmüş
- 6 yemek kaşığı tereyağı
- 6 yemek kaşığı çok amaçlı un
- 2 orta boy soğan, doğranmış
- 1 yeşil dolmalık biber, doğranmış
- 4 diş sarımsak, kıyılmış
- 2 su bardağı yarım buçuk
- 4 yemek kaşığı şeri
- 2 yemek kaşığı taze limon suyu
- 1 çay kaşığı tuz
- Karabiber değirmeninde 15 tur
- 1 çay kaşığı acı biber
- 4 yemek kaşığı kıyılmış düz yapraklı maydanoz
- 1 yumurta beyazı, çırpılmış

TALİMATLAR:

a) Fırını önceden 350°'ye ısıtın.

b) Pasta hamurunu 1/8-inç kalınlığa kadar açın. Sahip olmalıdır

c) beş adet 5 inçlik çift kabuklu turta için yeterli hamur. Alt yufkalar için doğru ölçüyü elde etmek için, tavalardan birini hamurun üzerine ters olarak yerleştirin ve hamuru tavanın kenarından 1 inç kesin. En iyi uyum için üst kabuklar 5 inçte kesilmelidir. Alt yufkaları tart kalıplarına yerleştirin ve üst yufkaları buzdolabında soğumaya bırakın.

d) Bir mutfak robotunda, kerevit kuyruklarının yarısını neredeyse öğütülene kadar doğrayın. Diğerlerini tamamen bırakın.

e) Tereyağını orta, ağır bir tencerede veya büyük tavada orta ateşte eritin. Unu ekleyin ve meyane açık kahverengi olana kadar sürekli karıştırın. Soğanı ve dolmalık biberi ekleyin ve yaklaşık 5 dakika soteleyin. Sarımsağı ekleyin ve 1 dakika daha soteleyin. Yarım buçuk, şeri, limon suyu, tuz, karabiber, kırmızı biber ve maydanozu ekleyin ve 5 dakika pişirin. Doğranmış ve bütün kerevitleri ekleyin ve 5 dakika daha pişirin.

f) Hazırlanan turta kabuklarının her birini yaklaşık 1 bardak kerevit dolgusu ile doldurun. Üst kabuklarla örtün ve kenarlarını kıvırın. Üst kabukta birkaç yarık kesin ve yumurta akı ile fırçalayın. Turtaları çerez kağıtlarına yerleştirin ve dolgu kabarcıklı olana ve kabuklar altın kahverengi olana kadar yaklaşık 1 saat pişirin.

99. kirli Pirinç

8–10 SERVİS YAPAR

İÇİNDEKİLER:
- 3 su bardağı su
- 1 ½ su bardağı uzun taneli beyaz pirinç
- 1/4 artı 1 çay kaşığı tuz, bölünmüş
- 2 yemek kaşığı bitkisel yağ
- 1 soğan, doğranmış
- 6 adet yeşil soğan, doğranmış, beyaz ve yeşil kısımları ayrılmış
- 1 yeşil dolmalık biber, doğranmış
- 2 kereviz sapı, doğranmış
- 3 diş sarımsak, kıyılmış
- 1 pound kıyma
- 1 pound tavuk ciğeri, doğranmış
- ½ çay kaşığı taze çekilmiş karabiber
- ½ çay kaşığı acı biber
- 1/3 su bardağı kıyılmış düz yapraklı maydanoz

TALİMATLAR:
a) Orta boy bir tencerede suyu kaynatın. Pirinci ve 1/4 çay kaşığı tuzu ekleyin. Isıyı düşük seviyeye indirin, örtün ve tüm su emilene kadar yaklaşık 20 dakika pişirin.

b) Orta, ağır bir tencerede yağı ısıtın ve soğanı, yeşil soğanın beyaz kısımlarını, dolmalık biberi ve kerevizi yarı saydam olana kadar soteleyin. Sarımsağı ekleyin ve bir dakika daha soteleyin. Kıymayı ekleyin ve karıştırarak kahverengileştirin. Tavuk ciğeri ekleyin ve sığır eti ve ciğer tamamen pişene kadar yaklaşık 10 dakika pişirmeye ve karıştırmaya devam edin. Biber ve kırmızı biber ekleyin, örtün ve 5 dakika pişirin.

c) Maydanoz ve yeşil soğan üstlerini karıştırın. Pirinci yavaşça katlayın. Yanında Louisiana acı sos ile servis yapın.

100. Yumurta Sardosu

4 SERVİS YAPILIR

İÇİNDEKİLER:
HOLLANDAİZ SOSU İÇİN
- 2 büyük yumurta sarısı
- 1 ½ yemek kaşığı taze limon suyu
- 2 çubuk tuzsuz tereyağı
- Tat vermek için tuz ve taze çekilmiş karabiber

YUMURTA İÇİN
- 2 (9 ons) torba taze ıspanak
- 1 yemek kaşığı zeytinyağı
- 1 çay kaşığı kıyılmış sarımsak
- 1/3 su bardağı ağır krema
- Tat vermek için tuz ve taze çekilmiş karabiber
- 8 taze pişmiş veya konserve enginar tabanı
- 2 yemek kaşığı beyaz sirke
- 8 yumurta

TALİMATLAR:

a) Sosu yapmak için yumurta sarısını ve limon suyunu bir karıştırıcıya koyun. Karıştırmak için birkaç kez vurun.

b) Tereyağını cam bir sürahide mikrodalgada kaynatmamaya dikkat ederek eritin. Yavaş yavaş tereyağını yumurta karışımına dökün ve kalın, kremsi bir sos oluşana kadar karıştırın. Tuz ve karabiber serpin.

c) Yumurtaları yapmak için ıspanağı zeytinyağında bir tencerede soteleyin ve karıştırarak, sadece solana ve parlak yeşil olana kadar hazırlayın. Kremayı ilave edin, tuz ve karabiber ekleyin ve sıcak tutun.

d) Enginar diplerini ısıtın ve sıcak tutun.

e) Bir tavayı veya sığ bir tencereyi 2 ½ inç suyla doldurun. Sirkeyi ekleyin ve orta ateşte ısıtın.

f) 4 yumurtayı teker teker küçük bir bardağa kırın ve yavaşça suya dökün. Yumurtaları sıvının üstüne çıkana kadar pişirin ve ardından bir kaşıkla ters çevirin. Beyazlar katılaşana kadar pişirin ama sarılar hala cıvık. Oluklu bir kaşıkla çıkarın ve kağıt havlularla kurulayın. Kalan yumurtalarla tekrarlayın.

g) 4 tabağın her birine bir porsiyon ıspanak koyun. Ispanakların üzerine her bir tabağa 2 enginar tabanı yerleştirin ve her enginarın üzerine birer yumurta koyun. Hepsinin üzerine hollandaise sosu gezdirin ve hemen servis yapın.

ÇÖZÜM

Sonuç olarak, Cajun mutfağı, Louisiana'nın kültürel mirasının ayrılmaz bir parçası haline gelen zengin ve çeşitli bir yemek pişirme tarzıdır. Cesur tatları, doyurucu malzemeleri ve baharat ve çeşnilerin eşsiz bir karışımını kutlayan yemekleri ile bölgenin çeşitli nüfusunun tarihini ve etkilerini yansıtan bir mutfaktır.

Cajun mutfağı, bamya, jambalaya, barbunya ve pilav gibi zengin ve doyurucu yemekleriyle dünyanın her yerindeki insanlar tarafından sevilmektedir. İster geleneksel bir Cajun restoranında, ister bir yemek festivalinde, ister evde hazırlanmış olsun, Cajun mutfağı, cesur ve lezzetli rahat yiyecekler için her türlü isteği tatmin edecektir.

Eşsiz baharat karışımı, doyurucu malzemeleri ve zengin kültürel mirasıyla Cajun mutfağı, her kesimden insan tarafından sevilen Amerikan mutfak kültürünün önemli bir parçası haline geldi. İster bataklığın lezzetlerini ilk kez keşfediyor olun, ister favori bir Cajun yemeğinin tadını çıkarıyor olun, bu mutfak, yemek yiyenlere kesinlikle bir sıcaklık ve memnuniyet duygusu bırakacaktır.

www.ingramcontent.com/pod-product-compliance
Lightning Source LLC
Chambersburg PA
CBHW070658120526
44590CB00013BA/1015